Grenzwandler

Lya Sanders

Grenzwandler

Wenn aus Lügen Wahrheit wird

1. Auflage Dezember 2014
2. Auflage Oktober 2015
© Lya Sanders

Herstellung und Verlag: BoD - Books on Demand,
Norderstedt
Covergestaltung: TomJay – www.tomjay.de
Foto: © imagesetc – fotolia.com
Korrektorat: Li-Sa Vo-Dieu

ISBN: 978-3-7386-0604-1

Bibliografische Information der Deutschen Nationalbibliothek:
Die Deutsche Nationalbibliothek verzeichnet diese
Publikation in der Deutschen Nationalbibliografie; de-
taillierte bibliografische Daten sind im Internet über
http://dnb.dnb.de abrufbar.

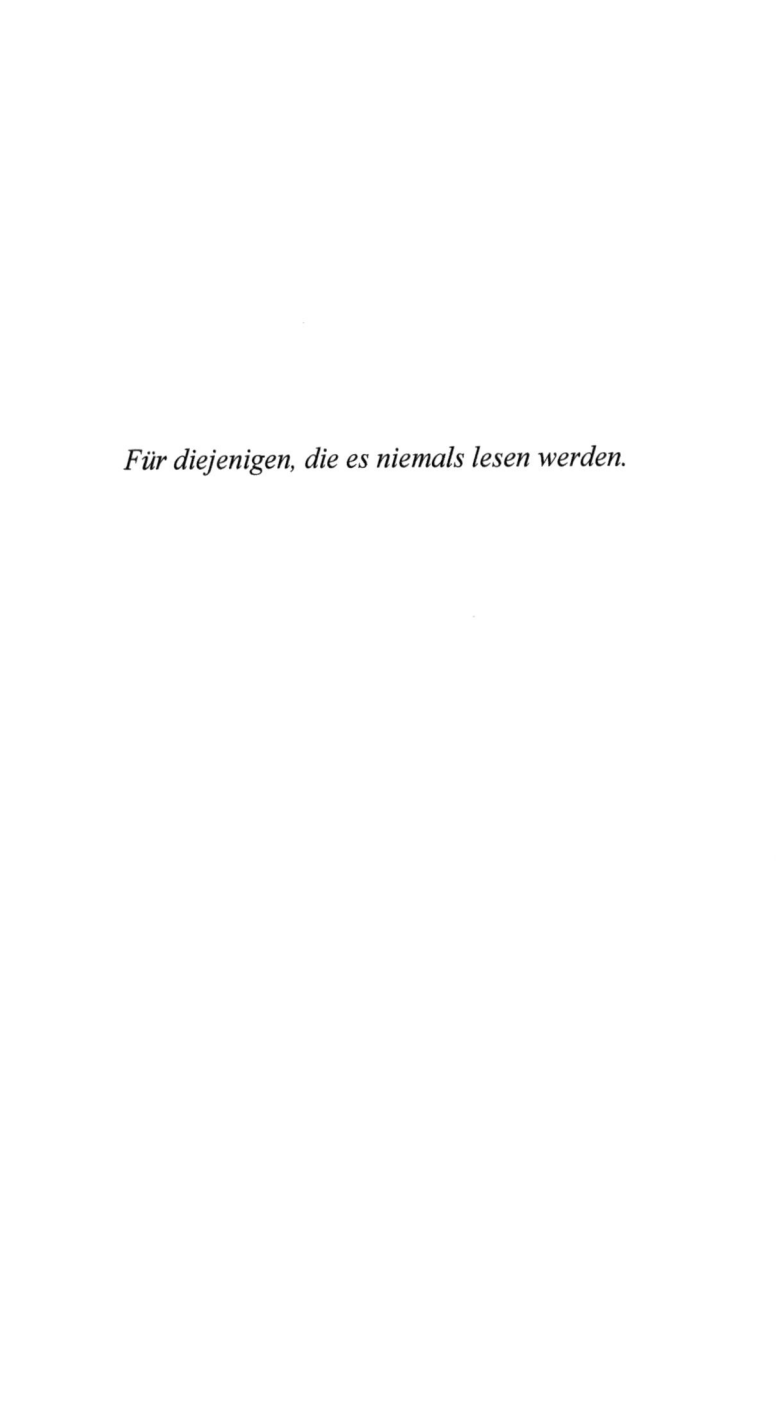

Für diejenigen, die es niemals lesen werden.

1

„Hey du fettes Schwein, was glotzt du so? Hast noch nie ein Mädchen gesehen?", hallte es über den Schulhof, während die Mitschüler in schallendes Gelächter ausbrachen.

Martin senkte den Blick und widmete sich seiner Fahrradkette, die ihm Minuten zuvor beim Versuch loszufahren abgesprungen war. *Hoffentlich hat Anja das nicht mitbekommen,* dachte er und drehte an der Pedale, um sich über den korrekten Sitz der Kette zu vergewissern.

Das Rattern des Fahrrads übertönte das Getuschel der anderen und ließ Martin für einen Moment alles vergessen. Die blaue Röhrenjeans betonte Anjas lange Beine. Das erste Mädchen, das ihm auf diese Art aufgefallen war. Ausgerechnet das beliebteste Mädchen der Klasse. Ausgerechnet Tareks Freundin.

„Glotz nicht so dämlich, du Wichser!", dröhnte Tareks Stimme erneut über den Schulhof und riss Martin aus seinen Gedanken.

Schnell wandte er sich seinem Fahrrad zu, aber zu spät. Scheppernd flog das Rad zu Boden, er hob die Arme schützend über seinen Kopf. Immer noch auf dem Boden kniend, hob er seinen Blick, die Augen zusammengekniffen, um sich vor der Mittagssonne zu schützen.

„Hast du mich nicht verstanden, Fettsack?", schrie Tarek, während unzählige Speicheltropfen aus seinem Mund flogen. „Was gibt es da zu glotzen? Bist du etwa scharf auf sie?" Tarek lachte verächtlich auf und sah schulterzuckend zu den anderen.

„Als ob ein fettes Schwein wie du jemals eine Chance bei ihr kriegt. Bei irgendeiner." Wieder ertönte dieses fürchterlich gehässige Lachen und die abseits stehenden Mitschüler stimmten mit ein.

Martins Gesicht färbte sich feuerrot. Ob aus Wut oder Scham, wusste er nicht. Langsam wich die letzte Hoffnung aus ihm, dass Anja das überhört haben könnte.

„Ich. Ich wollte – ich meine, ich ha-habe doch gar nichts gemacht", stammelte Martin leise und senkte den Kopf, um Tareks zornigem Blick zu entgehen. „Ich wollte doch nur …"

„Ich. Ich. Ich. Hör auf zu stottern, du Freak. Erwische ich dich noch einmal, wie du sie anglotzt, hau ich dir aufs Maul." Tarek holte zu einem Tritt aus.

„Halt, lass ihn." Anjas Stimme unterbrach das Geschehen aus der Entfernung.

Tarek fletschte die Zähne wie ein abgerichteter Kampfhund, stierte verächtlich auf den vor ihm kauernden Martin, zu Anja und wieder zu Martin.

„Hast du ein Glück, Pisser", presste er durch seine Zähne und kehrte zu seinen verdutzt dreinblickenden Freunden zurück.

Erleichtert atmete Martin auf und löste langsam das in Erwartung an den Schmerz verzerrte Gesicht. Am liebsten hätte er geweint, aber diese Genugtuung wollte er Tarek nicht gönnen. Eine Weile kniete er noch da. Zeichnete mit seinem Zeigefinger abstrakte Muster in den Rollsplitt unter sich, und erst als die Stimmen der anderen in immer weitere Ferne rückten, hob er seinen Blick.

Nun gingen sie nach Hause. So schnell wie die Situation eskaliert war, endete sie auch. Martin aber blieb mit dem Schmerz in der Seele zurück und blickte ihnen gedankenverloren nach.

„Mach dir nichts draus", hörte er die Stimme seines besten Freundes plötzlich. „Tarek muss immer übertreiben", setzte sie gleichermaßen leise wie traurig nach.

„Ach was", entgegnete Martin schnippisch, während er den Staub aus seiner Jeans klopfte. Unsicher darüber, wie viel Tobias tatsächlich gesehen hatte, fügte er ein einigermaßen überzeugend klingendes „Halb so wild" hinzu und hob sein Fahrrad auf.

Ein Fremder hätte es ihm womöglich geglaubt, Tobias aber hatte seine berechtigten Zweifel. Oft genug hatte er die Ausraster von Tarek am eigenen Leib erfahren, oft genug war er aufgrund eines Blickes, Geräusches oder anderer banaler Kleinigkeiten zu Tareks Zielscheibe geworden. Jetzt aber war es seine schmächtige Gestalt, die sich – wenn auch nachträglich – schützend an Martins Seite stellte.

„Wollen wir nachher raus?", fragte Martin auf dem gemeinsamen Heimweg, seinen Drahtesel neben sich schiebend.

„Das wird nichts", entgegnete Tobias. „Muss nachher zum Kieferorthopäden, meine Zahnspange neu einstellen."

„Schade", murmelte Martin und bog rechts zu seinem Haus ein. Zum Abschied hob er seine Hand und verschwand kurz darauf wortlos hinter einer Hecke.

2

Als Martin im dritten Stock keuchend ankam, sah man ihm seine Anstrengung deutlich an. Seine runden Wangen leuchteten rot und auf der Stirn sammelten sich erste Schweißperlen, die jeden Moment hinunterzurollen drohten. Schwerfällig schloss Martin die Tür auf und stampfte wortlos in sein Zimmer.

„Da bist du ja endlich", ertönte eine freundliche und zarte Stimme, die vom lauten Zuknallen der Zimmertür unterbrochen wurde.

Ein weiterer dumpfer Knall – Martins Schultasche landete unsanft auf dem dunkelblauen Teppichboden seines Zimmers. Mit einem leisen Quietschen gab die Matratze nach, während Martin sich müde aufs Bett fallen ließ. Müde von der ganzen Missachtung, müde von der ganzen Aufmerksamkeit. Er verschränkte die Arme hinter seinem Kopf und starrte an die Decke.

Es klopfte leise an der Tür. Martin regte sich nicht. Ein geräuschloser Moment verging, dann klopfte es erneut.

„Martin? Martin bist du da drin?"

Welch dämliche Frage, wo sollte er sonst sein?

„Martin?"

Tock, tock.

„Ich komme jetzt rein."

Langsam öffnete sich beinahe geräuschlos die Tür und eine zierliche blonde Gestalt huschte hinein.

„Ich habe dir Hotdogs gemacht." Sie hob den Teller in ihrer Hand, bevor sie ihn auf dem kleinen Couchtisch vor dem Bett abstellte. Wortlos nahm sie Martins Tasche und legte sie ordentlich neben den großen Eckschreibtisch. Unruhig sah sie zu Martin, der regungslos auf seinem Bett lag, richtete den Schultergurt der Schultasche und huschte genauso schnell wieder hinaus.

Der Duft der frischen Hotdogs kroch langsam in Martins Nase. Das Würstchen, der Ketchup, das warme Brot, die Röstzwiebeln nicht zu vergessen. Martins Magen knurrte unüberhörbar.

Ewig kann ich nicht liegen bleiben. Er richtete sich halb auf und drehte sich auf die rechte Seite, wobei er sich auf seinen Arm abstützte, und einen Hotdog vom Teller nahm.

Röstzwiebeln sind eine krümelige Angelegenheit, dachte er und setzte sich hin, um die restlichen Zwiebeln nicht zu verschütten. Sobald sich die Fernbedienung seines Fernsehers in greifbarer Nähe (auf dem Couchtisch) befand, griff er reflexartig nach ihr und schaltete das Gerät ein. Eine Talkshow. *Nicht besonders anspruchsvoll, zum Essen wird es aber genügen,* dachte er, während er mittlerweile in den zweiten Hotdog biss. Ob die Angewohnheit das Essen hinunterzuschlingen maßgeblich zu Martins Übergewicht beitrug? Er zumindest erklärte sein Tempo mit seinem Engagement bei der Jugendfeuerwehr. Schließlich lautete eine alte Feuerwehrmannweisheit: Es war nur drin, was drin war, wenn der Alarm los ging.

Tock, tock. Die Tür ging auf.

„Deine Cola." Britta huschte eilig in das Zimmer hinein und stellte die Flasche neben den Teller. „Mensch, wie sieht's hier denn aus?", stellte sie beim Anblick der zerstreuten Zwiebeln fest und zischte ab, ohne die Tür zu schließen. „Das haben wir gleich", rief sie aus der Küche. Sekunden später hockte sie vor dem Bett und fegte die heruntergefallenen Röstzwiebeln auf. „So, wie neu", scherzte sie, ohne dass Martin sie eines Blickes würdigte. Und während er mit lauten Schlucken aus der Colaflasche trank, nahm sie, in der einen Hand Kehrblech und Handfeger haltend, den mittlerweile leeren Teller mit hinaus.

„Tür zu", rief er fordernd hinter seiner Mutter her und einige Sekunden später wieder: „Britta, Tür zu!"

Schon schloss sie sich langsam mit einem leisen „Okay, okay".

3

Eine Weile saß Martin da, starrte auf den Fernsehbildschirm, die Colaflasche am Mund. Nachdem er die Flasche zur Hälfte geleert hatte, stand er auf, machte den Fernseher aus und schaltete seinen Verstärker an. Ein leichtes Rütteln an der Maus erweckte Computer und Monitor aus ihrem Winterschlaf. Wenige Klicks und laute Musik dröhnte aus den viel zu großen Boxen. Mit vier Schritten erreichte Martin seine Zimmertür und drehte den im Schloss steckenden Schlüssel herum. Gerade rechtzeitig. In diesem Moment vernahm er ein kaum hörbares Klopfen an seiner Tür.

„Martin?", klang die Stimme zittrig. „Mach die Musik bitte leise, die Nachbarn schimpfen. Hörst du?"

Wumm, wumm, wumm, wumm, dröhnte es unverändert.

„Martin?" Es wirkte diesmal gleichzeitig unsicherer und energischer. „Mach deine Musik bitte leiser."

„Bis zu meiner Volljährigkeit und keinen Tag länger", brummte Martin leise vor sich hin, schnappte seine Kopfhörer und setze sie auf.

Wumm, wumm, wumm, wumm, kein Klopfen, kein Rufen, nur noch Bässe. Nun nahm er sein Schaltpult in Betrieb und begann Knöpfe und Regler zu bedienen. Mal wurde es lauter, dann leiser, erst lief es Mono, später Stereo, ab und zu gesellte sich ein Spezialeffekt zu den dumpfen Bässen des Liedes und plötzlich sah Martin sich hoch oben. Unter ihm hunderte, gar tausende Menschen. Allesamt gut gelaunt, alle in Bewegung. Tanzend. Sie tanzten zu seiner Musik.

„Wollt ihr noch meeehr?" Die Menge jubelte euphorisch, ohne ihren ekstatischen Tanz zu unterbrechen.

So und nicht anders hat das Leben auszusehen. Noch vier Jahre, dann könnte er tun und walten, wie es ihm beliebte. Zum berühmten DJ würde er. Von den Menschenmengen umjubelt, von seinen Kollegen anerkannt und von all den Tareks dieser Welt beneidet. So und nicht anders.

Aus dem Augenwinkel sah er, wie sich die Klinke seiner Tür hektisch auf und ab bewegte. Genervt legte er die Kopfhörer vor sich auf das Mischpult.

„Was willst du?"

„Es ist sieben. Möchtest du nichts essen?", fragte die Stimme auf der anderen Seite der Tür. „Es gibt Schnitzel und Pommes und zum Nachtisch Apfelstrudel, den magst du doch so gerne."

Martin fühlte sich tatsächlich hungrig, schaltete mit einem lauten Klacken seinen Verstärker ab und ging zur Zimmertür, um sie aufzuschließen.

Sobald er den Schlüssel im Schloss gedreht hatte, stand Britta mitten im Raum.

„Puh, die Luft hier drin steht förmlich", bemerkte sie gehetzt und öffnete das große Fenster auf Kipp.

Als sie die Bettdecke aufschüttelte, um sie auf dem Bett zu drapieren, ging Martin hinaus.

Ob sie es jemals lassen wird?

4

Mittlerweile waren vier Wochen vergangen und die Osterferien neigten sich dem Ende zu. Weswegen Ostern gefeiert wurde, wusste Martin nicht, und es interessierte ihn auch nicht. Einzig die Geschenke fand er beachtenswert und davon gab es Jahr für Jahr reichlich.

Irgendwann nach der Trennung von seinem Vater hatte die Mutter es sich zur Aufgabe gemacht, Martins Verlust zu kompensieren. Und da man einen solchen Verlust emotional nicht aufwiegen konnte, entschied sie sich für eine Kompensation materieller Natur. Schließlich hatte der arme Junge in seinen jungen Jahren genug gelitten und genug einstecken müssen. Den Verlust des Vaters, sein stetig steigendes Gewicht, sein Stottern, wenn er nervös wurde, und nun auch die Hänseleien in der Schule. Wie konnte sie ihm auch nur einen Wunsch verwehren, wie einen ausschlagen? Glücklich sollte er sein und dafür war ihr alles recht.

Martin genoss diese Narrenfreiheit und nutzte sie regelmäßig aus. Schnell hatte er gelernt, sich nicht zu früh zufrieden zu geben. Er machte sich zunächst einen Spaß daraus, Unmengen zu fordern, um später eine eigene Disziplin daraus zu gründen. Ganz egal, welch absurde Wünsche er äußerte, seine Mutter erfüllte sie. Und falls nicht, gab es noch die Großeltern und den Rest seiner spendablen Familie.

Martin wusste genau, welche Hebel er in Bewegung setzen musste, um seine Ziele zu erreichen, und das tat er auch. Schon an Weihnachten hatte er einen ganzen Haufen Markensachen unter dem Weihnachtsbaum gefunden. Diese hatten jedoch nicht die gewünschte Wirkung erzielt. Als Martin nach den Feiertagen zur Schule kam, von Kopf bis Fuß in Markensachen gekleidet, erweckte er nicht einmal Aufmerksamkeit. Gut, Tobias war es aufgefallen, aber bei ihm brauchte Martin keinen Eindruck zu schinden, immerhin bestand ihre Freundschaft seit der Grundschule.

Diesmal würde er es richtig machen, diesmal hatte er seine Geschenke mit Bedacht ausgesucht. Ein Handy war es geworden, das neuste Model. Keine dieser alten Telefonzellen, nein, eines, mit dem man sogar ins Internet konnte. Fotos machen, Videos angucken, Musik hören und natürlich telefonieren. Zugegeben, die Bedienung mit den winzigen Tasten glich einer Zumutung. Allerdings ging es ums Prinzip. Diesmal würde ihm die Aufmerksamkeit sicher sein. Womöglich würde Anja auffallen, wie toll Martin in Wirklichkeit war, und auch Tarek würde endlich von ihm ablassen. Vor Neid erblassen würde er, Martin vielleicht fragen, ob er das Handy ausprobieren könne, ihm Respekt zollen.

Aufgeregt ging Martin am Montagmorgen zur Schule. Um sich ins rechte Licht zu rücken, entwickelte er bereits Tage zuvor einen Schlachtplan. Heute war er besonders früh dran, um halb acht stand er auf dem Schulhof und hörte, wie er dachte, lässig Musik. Selbstverständlich mit seinem neuen Handy, welches er dabei in seinen Händen hielt. Immer und immer wieder las er die Willkommens-SMS des Providers, als wenn es Nachrichten von einem Freund wären. Zwischendurch tippte er selber, um den Anschein zu erwecken, er würde simsen.

Als er zum wiederholten Mal die Nachricht las, tippte ihm jemand von hinten auf die Schulter. Da die Musik alles überschallte, erschreckte er sich so sehr, dass er das Handy beinahe fallen ließ. Langsam drehte er sich um und nahm einen der Kopfhörer aus dem Ohr.

„Hey Martin, wie waren deine Ferien?", sprach sie zögerlich und er errötete im Nu.

„Meine Ferien? Hm, die Ferien waren okay, Ferien eben", stammelte er nervös und schob eine Hand in die Hosentasche, während die andere das Handy umklammerte.

„Ist das neu?" Anja deutete auf das Telefon und lächelte freundlich.

„Ähm ja, das Handy ist neu."

„Cool, das neue w900i, oder?"

„Genau." Martin stimmte erleichtert zu, da ihm vor Aufregung alle mühsam auswendig gelernten Details zu entfallen drohten.

Ein stiller Moment der Verlegenheit verging, bis ihn die aus den Kopfhörern kommenden Bässe unterbrachen.

„Ist das nicht das neue Lied von Snoop Dog?", fragte Anja erstaunt.

„Genau, kommt eigentlich erst in zwei Wochen raus", bestätigte Martin mit stolzgeschwellter Brust.

„Das ist echt cool, woher hast du das?"

Für einen Augenblick spielte Martin mit dem Gedanken, Anja die Wahrheit darüber zu verraten, dass er das Lied schlichtweg auf einer illegalen Musikplattform heruntergeladen hatte, aber dann verwarf er diesen Gedanken sofort.

Anja war zu ihm gekommen, hatte ihn angesprochen, sich für ihn interessiert. Verflucht, sie kannte sogar seinen Namen, da konnte er doch nicht mit solch einer lahmen Erklärung aufwarten. Er musste sie beeindrucken.

Martin räusperte sich. „Das habe ich auf einer Seite für DJs runtergeladen."

„Für DJs?", staunte Anja.

„Eine Seite, auf der man als DJ Lieder downloaden kann, die Zeit der Platten ist doch längst vorbei."

Die Verwirrung stand Anja ins Gesicht geschrieben. Ihre Stirn in Falten geschlagen, ihre Lippen leicht geöffnet, als würde sie ihm jeden Moment widersprechen, und doch meinte Martin, Bewunderung in ihrem Blick zu erkennen. Zügig fuhr er fort.

„Das sind hunderttausende von Liedern, und da ich angehender DJ bin, habe ich die Zugangsdaten und kann mir so viel Musik laden, wie ich will."

Gerade wollte sie etwas sagen, da unterbrach er sie forsch. „Wenn du willst, kann ich dir auch Musik besorgen. Ich kann dir eine CD brennen."

Anjas angespannte Gesichtszüge lösten sich und die Skepsis verwandelte sich in Freude, langsam legte sich ein Lächeln über ihre Lippen.

„Echt? Das würdest du machen?"

„Klar, musst mir nur sagen, welche Lieder du willst." Martins Körperhaltung veränderte sich von einer Sekunde zur nächsten. Stolz präsentierte er sich dem Mädchen seiner Träume. *Ding dong,* klingelte es zur ersten Stunde und beide begaben sich wortlos ins Gebäude, während das hektische Treiben auf den Fluren der Schule sie wie ein Strom zum Klassenraum trieb.

5

Kaum klingelte die Schulglocke, stopfte Martin sein abgewetztes Mathebuch in die Schultasche und warf die Federmappe hinterher. Als er hoch sah, entdeckte er Anja, die vor ihm stand. Sein Herz machte einen kleinen Aussetzer, um dann schneller zu schlagen.

Mit einer Hand reichte sie ihm ein gefaltetes Blatt Papier, während die andere nervös am Gurt ihrer Schultertasche spielte.

Ein Liebesbrief etwa? Er wollte es kaum glauben, bis Anja zu erklären begann:

„Wenn dein Angebot noch steht", sie biss sich keck auf die Lippe, „wären das die Lieder, die ich gerne hätte."

Enttäuscht nahm Martin das Blatt und drehte es ungläubig in seiner Hand. Nein, kein Liebesbrief, aber immerhin. Er hatte es tatsächlich geschafft, das Eis zwischen ihnen zu brechen.

„Anja, kommst du?", rief ihre Freundin aus dem Flur und unterbrach Martins Gedanken.

„Ich muss dann mal." Anja hob entschuldigend die Schultern, ehe sie das Klassenzimmer verließ.

„Bist du verrückt geworden, Alter?", flüsterte Tobias entsetzt. „Tarek macht dich einen Kopf kürzer. Das kannst du nicht bringen!"

In der Tat hatte Martin seinen Feind und Anjas Freund am heutigen Tage gänzlich ausgeblendet. Dieser schien krank zu sein, zumindest fehlte er in der Schule, und Martin nutzte seine Chance.

„Bleib locker, Tobi." Martin winkte ab. „Was will er machen? Sie kann reden, mit wem sie will."

Zu Hause angekommen, schloss Martin seine Zimmertür hinter sich ab, setzte sich aufs Bett, nachdem er sich seiner Tasche entledigt hatte, und hielt einen Moment inne.

Ein dreifach gefaltetes DIN-A4-Blatt lag in seinen Händen, *das* Blatt. Langsam und behutsam, als wäre es von besonders großem Wert (natürlich war es das für ihn), entfaltete Martin es.

Eine runde Mädchenschrift, die eine akkurate Liste auf das karierte Papier gezaubert hatte. Links der Titel, daneben der Interpret und rechts außen Herzchen abgewechselt von Ausrufezeichen, um den persönlichen Stellenwert der Lieder zu betonen. Aufmerksam studierte er die Titel, welche hauptsächlich den aktuellen Charts entstammen. Das war sie also, die Liste, der Eisbrecher. Martin fuhr mit seinen Fingern über das Papier, ließ sich nach hinten fallen und träumte sich für eine Weile davon.

Als er aufwachte, war sein Zimmer ins rosarot der Abendsonne getaucht.

Tock, tock.

„Wie spät ist es?", schnauzte Martin mit verschlafener Stimme durch die Tür.

„Sechs Uhr. Hast du gar keinen Hunger? Du musst was essen." Die Stimme seiner Mutter klang besorgt.

Martin stieß einen leisen Fluch aus und begab sich schlaftrunken zum Computer. Wieso war er eingenickt und wie konnte er so lange schlafen? Er fuhr sich mit den Fingern durch die Haare. Beim Hochfahren des Computers trommelte er ungeduldig mit den Händen auf dem Mousepad, als würde das Gerät dadurch schneller.

„Hast du wieder den PC ausgemacht?", rief er derart laut, dass Britta ihn selbst am anderen Ende der kleinen Wohnung hörte.

„Aber du warst doch gar nicht zu Hause. Das kostet alles Geld, du weißt, ich habe nicht so viel", erklärte sie Martin, als wäre sie das Kind.

„Wie oft habe ich dir gesagt, dass du den PC nicht anfassen sollst? Es ist meine Sache, wie lange ich ihn laufen lasse", brüllte Martin wütend.

„Aber …" Britta brachte den Satz nicht zu Ende und wandte sich frustriert ab.

Aber, aber, was interessiert mich dein Aber, dachte Martin, während er endlich seinen Musikordner öffnete. *Ich muss eine CD für Anja brennen und habe erst die Hälfte der Lieder auf der Festplatte. Wie soll ich das bis morgen schaffen?* Einen Moment lang bereute Martin, dass er zu dick aufgetragen hatte, doch dann dachte er an Anjas Lächeln, atmete tief durch und begann seine Suche nach den fehlenden Liedern.

6

Als sich alle Lieder auf seiner Festplatte befanden und dem Brennvorgang nichts im Wege stand, war es kurz vor Mitternacht. Das Brennprogramm gab eine voraussichtliche Dauer von knapp zwei Stunden an, weshalb Martins Nacht von kurzer Dauer war. Als sein Wecker um sieben klingelte, quälte er sich dennoch aus dem Bett. Heute würde er Anja die CD übergeben. *Ob sie sich wohl freuen wird? Vielleicht bekomme ich zum Dank ein Küsschen auf die Wange?* Sein Herz klopfte bei dem Gedanken daran bis zum Hals und sein Magen wurde flau vor Aufregung.

Im Gegenteil zu sonst verbrachte Martin an diesem Morgen die meiste Zeit vor dem Spiegel. Immer wieder brachte er seine Haare in Form, um sie wieder zu zerwühlen, bis er schließlich ein zufriedenstellendes Ergebnis erreichte. Als er zum Abschluss seines Stylings eine halbe Deoflasche auf seiner Kleidung entleerte, fühlte er sich für die Begegnung mit Anja gewappnet.

Selbstbewusst näherte er sich mit großen Schritten dem Grüppchen seiner Mitschüler, das um Anja versammelt stand. Sein Herz raste und schnürte ihm die Luft zum Atmen ab. Unsicher packte er nach der CD in seiner Tasche und räusperte sich, um die Aufmerksamkeit auf sich zu lenken.

„Hi." Er lächelte verstohlen und nickte Anja zu.

„Hallo Martin", entgegnete sie.

Eine Welle der Verwunderung brach über die anderen herein. Verstohlene Blicke, hier und da ein Schulterzucken, bis die Ersten zu tuscheln begannen. Die Ansage von Tarek war klar genug gewesen, und auch sonst gehörten Martin und Anja nicht gerade derselben Clique an, abgesehen davon, dass Martin zu gar keiner Clique gehörte.

„Ich habe dir deine CD mitgebracht, wenn du willst, kannst du sie direkt haben, und wenn dir noch mehr Lieder einfallen, sagst du mir Bescheid."

Gerade wollte er ihr die Disc überreichen, als sie ihm jemand aus der Hand riss.

„Spinnst du?", schimpfte Martin, als er ihn plötzlich sah: Tarek.

Kaum hatte er die Worte ausgesprochen, schien Tarek noch wütender zu werden.

„Was willst du, Fettsack? Was ist das für eine CD?"

„Eine CD eben", entgegnete Martin leise, aber bestimmt. Tarek drehte sie in seinen Händen und las die in Schönschrift erfolgte Beschriftung.

„Snoop Dog, Beyonce, R. Kelly – das sind ja die neusten Lieder", stellte er verdutzt fest, drehte die CD-Hülle und entdeckte die Aufschrift ‚Für Anja'.

„Soso, für Anja." Er sah mit leerem Blick zu Martin. „Für meine Anja?"

Martin sah auf den Boden, wandte sich ab und atmete tief ein. *Bald wird er wie ein Vulkan ausbrechen,* schwirrten die Gedanken über den Beteiligten, bis Tarek den Direktor unweit von ihnen erblickte. Mit einem leisen Scheppern ließ er die CD auf den Asphalt unter seinen Füßen fallen und trat mit all der Wut, die er am liebsten an Martin ausgelassen hätte, auf das dünne Plastik der Hülle. Es knackte unter seinem Schuh, aber offensichtlich reichte es ihm nicht. Sein komplettes Gewicht auf seinen Fuß verlagernd, drehte er diesen wie bei einem Twist solange hin und her, bis er sich sicher war, dass die CD zerstört war.

Entsetzt starrte Martin ihn an. Die Augen weit aufgerissen, in Gedanken betend, dass sich keine Träne löste. Ebenso waren die Gesichter der anderen, nicht zuletzt das von Anja, von blankem Entsetzen gezeichnet.

„Hoppla." Tarek lächelte gekünstelt. „Da ist sie mir wohl runtergefallen."

Ding dong, beendete die Schulglocke die Situation und neben Martin atmete auch Anja erleichtert aus.

„Auf geht's." Er reichte Anja die Hand und wartete mit forderndem Blick, bis sie sich mit gesenktem Kopf seiner Aufforderung beugte. Er jedoch hob den Kopf und stolzierte davon, immerhin hatte er sein Revier verteidigt.

„Tut mir leid", flüsterte Anja, als sie Martin, der noch immer wie erstarrt da stand, passierte. „Tut mir echt leid."

„Hier, deine CD, Alter." Markus reichte ihm das zersplitterte Plastik. „Kannst echt froh sein, dass es geklingelt hat. Wer weiß, was er sonst mit dir gemacht hätte."

„Lass stecken", murmelte Martin frustriert. Widerwillig begab sich Martin mit schweren Schritten zum Schulgebäude. *Alles vergebens*, dachte er, doch als er im Unterricht merkte, dass Anjas Blick seinen immer wieder kreuzte und allem Anschein nach suchte, entfachte seine Hoffnung auf ein anderes, besseres Leben wieder.

Auf dem Weg nach Hause kreisten Martins Gedanken pausenlos um Anja und ihre CD. Da Tobias an diesem Tag nicht in der Schule war, trat er den Heimweg alleine an, und erschrak fast zu Tode, als ihm jemand von hinten auf die Schulter fasste.

„Martin, mein Freund", säuselte Markus.

Unbeeindruckt ging Martin weiter.

„Diese CD, die du da für Anja gemacht hast", setzte Markus fort. „Wo genau hast du die ganzen Lieder her?"

Martin zuckte mit den Schultern, ohne Markus eines Blickes zu würdigen, und stampfte unbehelligt weiter.

„Die meisten der Songs sind in Deutschland noch nicht erschienen oder erst seit kurzem draußen und du Checker, hast sie alle da?" Neugierig und gleichermaßen skeptisch musterte Markus den Außenseiter, der nicht nur übermäßig dick, sondern auch übermäßig groß war.

So schnell würde er Markus nicht los, schwante es ihm, aber wollte er das überhaupt?

„Die sind von einer Webseite für DJs."
„Aha, und was mache ich, wenn ich auch ein paar will?", fragte Markus, während die Skepsis in seiner Stimme mitschwang.

„Ins Geschäft gehen und kaufen", entgegnete Martin über seine eigene Schlagfertigkeit erstaunt, und setzte nach, in der Hoffnung, seine Worte damit entschärfen zu können. „Ich sagte ja, die Seite ist für DJs, nichts für Normalos."

„Und wie kommst du an die Musik? DJ bist du ja wohl kaum."

„Weil ich angehender DJ bin, vielleicht?" Dabei klang er wie ein bockiges Kind.

„Angehender DJ?" Markus lachte auf. „Und ich bin der nächste Hugh Haffner."

„Was glaubst du, was passiert, wenn ich mit vierzehn in einem Club auflege? Die Bullen würden einmarschieren und den ganzen Betrieb lahmlegen, also muss ich wohl oder übel bis zu meiner Volljährigkeit warten, bis ich richtig arbeiten darf", fauchte Martin und schüttelte verständnislos den Kopf. „Oder was glaubst du, wo ich die Lieder herhabe?"

Markus hob entschuldigend seine Hände und zuckte mit den Schultern. Die Geschichte mit dem DJ klang zwar nicht besonders glaubwürdig, eine bessere Erklärung fiel ihm jedoch nicht ein. Notgedrungen lenkte er ein und kam mit seinem eigentlichen Anliegen hinter dem Berg hervor.

„Okay, okay, Mister DJ, wäre es wohl möglich, dass ich eine CD bekomme? Wenn du nicht zu viel zu tun hast, versteht sich."

„Damit Tarek sie wieder platttrampelt? Nein danke!"

„Ach komm, ich bin ja nicht Anja, Tarek wird schon nichts sagen."

Martin schüttelte kommentarlos den Kopf.

„Komm schon, Specki", bettelte Markus regelrecht und verdrängte darüber hinaus, dass ‚Specki' nicht gerade die passende Anrede für sein Anliegen war.

Wütend und enttäuscht blickte Martin in seine Augen. „Specki? Warum sollte ich?"

„Tut mir leid, Alter. Macht der Gewohnheit." Markus blickte verschämt zu Boden. „Was hältst du davon, dass wir diese Specki-Geschichte vergessen, und du mir im Gegenzug die eine oder andere CD brennst? Das klingt doch nach einer Lösung?" Er streckte seine rechte Hand zum Handschlag aus.

Genervt sah ihn Martin an, um nach einigen Sekunden einzuschlagen. Zum ersten Mal in diesem Gespräch blieb er stehen, da ihn nur noch wenige Schritte von der Haustür trennten.

„Und was willst du?" Er gab sich große Mühe, genervt zu klingen, während er in seinem Inneren einen kleinen Freudentanz aufführte.

„Für den Anfang würde mir die CD von Anja reichen, hat gar keinen üblen Musikgeschmack, die Kleine." Er zwinkerte Martin zu, der stumm nickte und im Haus verschwand.

Ist das alles gerade wirklich passiert? Martin glaubte es kaum, seine Taktik schien aufzugehen. Okay, okay, es war nicht unbedingt das Handy, das ihm mehr Beliebtheit bescherte, aber immerhin war es der Stein des Anstoßes gewesen, der erst Anja und nun Markus dazu zwang, ihn nicht mehr als Specki zu sehen. ‚Checker' hatte Markus ihn vorhin scherzhaft genannt und das war Martin irgendwie auch. Schließlich wandte Markus sich an ihn, um die Musik zu bekommen. Checker – damit konnte er leben. Martin lächelte zuversichtlich.

7

In den nächsten Tagen und Wochen verbrachte Martin seine gesamte Freizeit mit der Anfertigung diverser CDs. Schnell hatte es sich herumgesprochen, dass der Checker, wie er sich insgeheim nannte, Zugang zu den neusten Liedern hatte. Und genauso schnell war es für die meisten seiner Mitschüler plötzlich kein Problem mehr, mit ihm zu sprechen, ihn zu beachten und sogar ein Stück weit zu achten. Kritisch betrachtet geschah das alles aus reinem Eigennutz. Keiner seiner Mitschüler sah neuerdings einen Freund in Martin oder respektierte ihn plötzlich. Martin scherte es jedoch nicht. Nach Jahren der Ausgrenzung fühlte er sich endlich normal, wurde umschwärmt und stand auf eine angenehme Art und Weise im Mittelpunkt des Geschehens.

Suchen, Brennen, Beschriften, Suchen, Brennen, Beschriften, und von Neuem. Sogar im Traum drehte sich alles um die CDs. Eines Nachts träumte er davon, dass die Polizei zu ihm kam und ihn wegen Diebstahl geistigen Eigentums verhaftete. Hunderte Lieder hatte er mittlerweile gestohlen, die Urheberrechte unzähliger Künstler verletzt. Als er schweißgebadet erwachte, fragte er sich, ob es sein Gewissen war, das Alarm schlug. Beim Blick auf den Computerbildschirm, der die Fertigstellung der nächsten CD ankündigte, verblassten die Gedanken jedoch und Martin fuhr mit seinem Diebeszug fort.

Immer wieder schlief er erschöpft über seiner Tastatur ein, vergaß zu essen, vernachlässigte seine wenigen Kontakte – zu fordernd war sein eintöniger Lebenswandel geworden. Martin jedoch war der Meinung, dass nicht nur der Zweck alle Mittel heilige, sondern die Mittel den Zweck. Also machte er unbeirrt weiter, in dem Wissen, dass es sich für ihn auszahlen würde.

„Hey Alter." Eine Stimme riss ihn aus seinen Gedanken, während er stumpf auf den Bildschirm starrte. „Was machst du?"

Er erkannte, dass es sich um Tobias handelte, und schaltete kurzerhand den Monitor aus.

„Nichts weiter, suche ein paar neue Lieder", erwiderte Martin, als wäre es selbstverständlich, und deutete mit seiner Hand auf sein frisch bezogenes Bett. „Setz dich."

„Ach, für deine berühmt-berüchtigten CDs?" Tobias zog seine Augenbrauen und Mundwinkel hoch, um seine Abscheu zu unterstreichen. „Du solltest Geld dafür verlangen, dann wärst du schon reich." Tobias lachte auf und setzte sich auf die Bettkante.

In Martins Augen flackerte Zorn auf, denn das erste und einzige Mal, als er Markus nach Geld gefragt hatte, um neue Rohlinge kaufen zu können, hatte ihn dieser nur ausgelacht.

„Von wegen", fauchte er Tobias ohne jede Vorwarnung an. „Das ist ein Gefallen unter Freunden, aber was weißt du schon davon."

Sichtlich verletzt sah Tobi ihn fragend an. Hatte Martin ihm gerade sagen wollen, dass er keine Freunde habe? Immerhin waren die beiden seit der Grundschule befreundet. Seit der ersten Klasse unzertrennlich. Gingen durch dick und dünn, auch wenn ihre Mitschüler sie viel häufiger Dick und Doof nannten. „Wie meinst du das?"

Als wenn er mit dem Rücken zur Wand stünde, sprudelte es aus Martin heraus: „Wie soll ich das schon meinen? Du hast keine Ahnung, was Freunde sind. Du hast nur mich und so bleibt das wahrscheinlich für immer."

Entsetzt starrte Tobias seinen Freund an. „Aber du hast doch auch nur mich", entgegnete er mit brüchiger Stimme. „Hast du schon vergessen, wie sie dich ‚Specki' riefen und dein Leben zur Hölle machten? Das sollen jetzt deine Freunde sein?" Tobias' Augen füllten sich mit Tränen, die er nur mit Mühe zurückhielt. Wieder sah er diesen ihm unbekannten Zorn in Martins Augen und fürchtete die Antwort auf seine Fragen.

„Du sagst es. Sie *nannten* mich ‚Specki'. Das ist jetzt vorbei. Vorbei! Verstehst du?", schrie er, machte eine kurze Pause, als würde er zum finalen Todesstoß ausholen, und setzte mit ruhiger und fester Stimme fort: „Das ist der Unterschied zwischen uns, Tobi. Ich werde bald abnehmen und die Zeit als ‚Specki' ist Geschichte. Du wirst deine Segelohren und deine Hasenzähne für immer behalten und da bringt dir auch deine Zahnspange nichts. Wenn ich dich so ansehe, könnte man meinen, dass der Neid aus dir spricht." Herablassend musterte Martin seinen Freund vom Scheitel bis zur Sohle.

Eine Träne löste sich und riss die anderen mit sich. Tobis Augen brannten, sein Magen drehte sich beim Gedanken daran, dass Martin das Gesagte ernst meinen könnte. *Neid?*, wollte er antworten, aber die Worte blieben ihm wie ein trockenes Stück Brot im Halse stecken. Martin sah ihn mit leeren Augen an. Kein Zorn, keine Reue, keine Emotionen.

„Wenn das so ist", Tobias schluchzte, „gehe ich wohl lieber."

Martin presste die Lippen zusammen und nickte. Kein Wort, keine Mimik, nur ein einfaches Nicken. Das sollte das Ende einer acht-jährigen Freundschaft sein? Hastig lief Tobi zur Tür, die Treppen hinab, um in der Abenddämmerung zu verschwinden.

Warum habe ich das gemacht? Tobi wollte doch nur nett sein, einen kleinen Scherz machen, ein bisschen Smalltalk führen. Oder war sein einziges Ziel, mich anzugreifen, mir meine neuen Freunde madig zu reden, Vorhaltungen zu machen? Habe ich vielleicht zu heftig reagiert, womöglich übertrieben? Nein, keineswegs! Ein echter Freund würde meine Taten nicht hinterfragen, nicht kritisieren. Es war unvermeidbar, dass sich die Spreu vom Weizen trennt, dachte Martin unberührt und widmete sich seinem Computer.

8

Es waren nur noch zwei Wochen bis zu den Sommerferien. Alle Noten standen fest und niemand, ob Schüler oder Lehrer, hatte ein ernsthaftes Interesse daran,
Unterricht zu machen. Ausflüge und andere Aktivitä-
ten im Freien dominierten den Stundenplan der 8b.

Heute ging es zusammen mit der Parallelklasse in
den Heidepark. Vor der Schule wartete der giganti-
sche Doppeldecker, und als sich die vorderste Tür zu
öffnen begann und die ersten Schüler zu ihr stürmten,
um sich die, ihrer Ansicht nach, besten Plätze zu sichern, schoben sich die Klassenlehrer gekonnt dazwi-
schen.

„Immer mit der Ruhe." Herr Rüdger, ein grauer
Riese, ergriff das Wort. „Um das ständige Gezeter auf
der Fahrt zu vermeiden, haben wir uns was Schönes
überlegt." Gespannt blickten sechzig Paar Augen zu
den Lehrkräften, sich fragend, was ihnen bevorstün-
de, während Herr Rüdger eine Liste aus seiner braunen Ledertasche zauberte.

„Ich werde euch der Reihe nach aufrufen. In genau dieser Reihenfolge nehmt ihr die Plätze im Bus
ein. Die 8a unten, die b oben. Soweit alles klar?" Noch
bevor er seinen Satz beenden konnte, zog ein entnerv-
tes Stöhnen durch die wartende Schülerschaft.

„Geht's noch?", „Was soll der Scheiß?", „Sehe ich
so aus?", hallten die empörten Stimmen der Schüler.

„Arman und Bentel", las er vor und sah mit einem solch scharfen Blick in die Menge, dass das Murren der Schüler kurzerhand verstummte und sie sich seinen Anweisungen, wenn auch widerwillig, fügten.

Nach und nach füllte sich der leuchtend grüne Bus, und als das untere Deck eingewiesen war, begann die 8b einzusteigen.

„Schmidt und Seitling."

Stille. Martin stand wie erstarrt vor dem Bus und schaute zu Anja.

„Seitling, Schmidt, wird's bald?" Sein Ton wurde rauer. Jetzt blickte auch Anja zu Martin rüber.

„Los, los, los! Wir haben nicht ewig Zeit", feuerte der Lehrer die beiden genervt an, während sie sich langsam zur Tür begaben. „Sobotka und Trautmann", hörte Martin beim Einsteigen hinter sich.

Drei Stunden Busfahrt lagen vor ihnen und die durfte ausgerechnet er neben Anja verbringen. Unsicher darüber, wie er es finden sollte, biss er sich auf die Lippe und folgte Anja zu den freien Sitzen.

„Da wären wir." Sie lächelte verlegen, als sie den hinteren Teil des Busses erreichten. „Möchtest du ans Fenster oder kann ich?"

„Nein, nein, mach ruhig."

Schüchtern blickte er zu Boden und vergewisserte sich, dass Tarek Akhbadi dank dessen Nachnamen in der ersten Reihe Platz genommen hatte. Erst jetzt nahm Martin erleichtert neben Anja Platz.

Seit dem Vorfall auf dem Schulhof waren mittlerweile zwei Monate vergangen und bisher hatten sie es vermieden, darüber zu sprechen. Viel zu groß waren Martins Scham und Anjas Angst vor Tareks Reaktion. Immerhin war sie seine Freundin, und seiner Freundin sollte es genügen, ihn als Gesprächspartner zu haben – das hatte er ihr zumindest oft genug zu verstehen gegeben. Eine peinliche Stille schnürte die Kehlen der Teenager zu, bis es schließlich aus Anja heraussprudelte. „Ich habe gehört der ‚Anja-Mix' scheint anzukommen?", scherzte sie leise über die Verbreitung, der einst für sie gedachten Lieder. Beim Blick in Anjas Augen errötete Martin prompt.

„Schon okay, immerhin konnte ich mir die CD von Celine leihen und brennen." Sie lachte kurz auf und sah nachdenklich zum Fenster.

Ohne ein Wort zu sagen, beobachtete er sie weiterhin. Der Duft ihres fruchtigen Parfüms stieg in seine Nase und sein Herz hüpfte wild auf und ab. Wie gern hätte er ihre Hand genommen, sie an sich gedrückt, sein Gesicht in ihren Haaren vergraben, um ihren Duft in sich aufzusaugen. Wie gern hätte er ihre weiche Haut berührt, über ihre pfirsichfarbenen Wangen gestreichelt. Sie in den Arm genommen, um mit ihr zu verschmelzen. Er betrachtete ihr Profil, das von den Sonnenstrahlen umspielt wurde.

„Ich habe mich von Tarek getrennt", riss ihn Anjas Stimme aus seinen Gedanken. „Ich dachte du willst das vielleicht wissen." Sie blickte verstohlen zu Martin, um dann wieder zum Fenster zu sehen.

Perplex sah Martin sie an und schwieg. Alles um sie herum wurde plötzlich still. Die Gespräche der anderen, die Geräusche. *Nun sag was, irgendwas, na komm schon,* flehte Martin in Gedanken zu sich, aber nichts. „Jetzt hat er keinen Grund mehr auszurasten, wenn du mir etwas schenkst", sprach Anja nach einer kurzen Pause weiter. „Falls du überhaupt noch willst?"

Martin nickte stumm und war froh, keine Worte gefunden zu haben.

„Wenn du willst, können wir gleich zusammen rumlaufen. Ich meine, wenn du nicht schon jemanden hast?"

„Nein, ich meine ja, gerne", stammelte er verstört und kratzte sich am Hinterkopf, als würde es ihm helfen, das Gesagte zu realisieren.

Die restliche Busfahrt verbrachten Anja und Martin überwiegend schweigend, und während sie an das Fenster gelehnt zu schlafen versuchte, spielte er das Gespräch mit ihr immer und immer wieder vor seinem bildlichen Auge ab.

‚Ich habe mich von Tarek getrennt', sagte sie und fragte ob sie zusammen durch den Heidepark laufen wollen. Es war eindeutig, sie mochte ihn. Oder doch nicht? Tiefe Zweifel durchbohrten Martin und ließen ihn unruhig auf seinem Platz auf- und abrutschen.

Bleib locker Alter, zwang er sich zur Ruhe. *Und wie sie dich mag. Du bist angehender DJ, kannst ihr jedes Lied besorgen, was sie will und schreckst noch nicht mal vor ihrem bescheuerten Freund, ach ja, Ex-Freund zurück.* Vorsichtig wagte Martin einen Blick aus dem Augenwinkel auf die neben ihm schlummernde Anja.

9

Im Heidepark angekommen, war sich Martin zunächst nicht sicher ob Anjas Angebot, die Zeit mit ihm zu verbringen, wirklich ernst gemeint war. Aber als sich nach einer Ansprache durch die Lehrer die Reihen langsam lichteten und nur noch sie beide übrig blieben, bekam er seine Antwort.

„Wo wollen wir denn hin?", traute er sich kaum zu fragen. Seine Körperhaltung sprach Bände. Martin, der auf Grund seiner Größe und seines Übergewichts, trotz der ganzen Tareks dieser Welt, der Hänseleien und Anfeindungen, welche sie mit sich brachten, sonst wie ein sanfter Riese wirkte, wirkte jetzt klein und zerbrechlich, verletzlich. Den Rücken gekrümmt, die Schultern gesenkt und die Hände in den Hosentaschen verstaut, senkte er den Blick zu Boden, um den Blickkontakt zu Anja zu umgehen.

„Ich weiß auch nicht." Anja zuckte mit den Schultern. „Erst mal den Weg entlang, würde ich sagen." Sie deutete auf den vor ihnen liegenden Pfad, der an Fahrgeschäften und Buden vorbei führte.

Zögerlich taute Martin auf, immer noch verkrampft gab er sich Mühe lässig zu wirken. Wie sollte er sie hier und jetzt beeindrucken, fernab von zu Hause? Das Gespräch erneut auf Musik zu lenken, erschien ihm riskant. Anja könnte Fragen stellen. Fragen, auf die er keine Antwort wüsste. Die ihr Bild von ihm ins Wanken bringen könnten. Sofort würde Anja ihr Interesse verlieren und sich den anderen anschließen. Ihn stehen lassen oder ihm spätestens zu Hause, in vertrauter Umgebung den Rücken kehren und nie wieder mit ihm sprechen. Nein, das konnte er nicht riskieren. Ein Gedankenblitz durchschoss ihn und er musste unweigerlich an den Schwimmunterricht des vergangenen Jahres denken. Damals gab es ein Riesendrama, weil Anja den Absprung vom Fünfer nicht wagte. Dreier ging, aber beim Fünfer sperrte sie sich.

„Was hältst du von Colossos?" Seine Stimme klang euphorisch und die Augen leuchteten auf.

Anja schüttelte den Kopf. „Die höchste Holzachterbahn der Welt und ich soll mit meiner Höhenangst drauf? Nee, nee, nee, ohne mich."

„Ist gar nicht so schlimm, nur die ersten Sekunden sind heftig. Aber wenn du nicht möchtest, gehen wir in die Schiffsschaukel, oder ins Kinderkarussell?"

„Schiffsschaukel ist okay", willigte Anja ein, obwohl ihr beim Gedanken an die Höhe ein wenig mulmig wurde. „Aber wir sitzen nicht an der Spitze", fügte sie schnell hinzu und lächelte verlegen.

Martin gab sich verständnisvoll und klopfte ihr auf die Schulter. „Wie die Dame es wünscht." Er nickte ihr zu und lächelte siegessicher in sich hinein. Er hatte ihre Schwäche erkannt und sie für sich genutzt. Sich als mutig und verständnisvoll gezeigt und nicht zuletzt die Gelegenheit genutzt, sie zu berühren, ihr näher zu kommen.

Als sie sich zur Mittagszeit in einem der zahlreichen Diner des Freizeitparks einfanden, wunderte es sie zunächst, dass ihnen bisher noch keiner ihrer Mitschüler begegnet war. Bei Burger und Pommes nutzten sie die Gelegenheit, um ein wenig über die anderen zu tuscheln.

„Weißt du noch …"

„Oh ja und Thomas erst …"

„Genau, die ist voll eingebildet …"

„Stimmt, der ist richtig streng …"

Schon nach kurzer Zeit stellten sie fest, dass sich ihre Meinungen zu Mitschülern und Lehrern häufig ähnelten. Sie aßen und kicherten unterdessen, als wären sie seit einer Ewigkeit miteinander befreundet.

Mit einem Knall landete das volle Tablett zwischen den beiden Jugendlichen und ließ sie hochschrecken.

„Mahlzeit", schnauzte Tarek unfreundlich, indes er sich mit Schwung neben Anja auf die Bank fallen ließ. „Und was gibt's Neues, ihr Turteltäubchen?" Die Gelenke seiner Finger knackend, musterte er Martin, welcher den Blickkontakt vermied. Still und unbeirrt sah er weiterhin zu Anja und eine leise Angst beschlich ihn.

„Wie gemein, die Turteltäubchen wollen nicht mit mir reden."

Stille. Die Köpfe gesenkt, in der Hoffnung er möge gleich verschwinden, blickten Anja und Martin sich wortlos an.

Tarek nahm einen großen Bissen von seinem Burger, den er laut schmatzend verschlang, ohne den Blick von Martin zu nehmen, und schlürfte ebenso laut an seinem Getränk. Dass sich keiner der beiden regte, oder nur ein Wort sagte, machte ihn rasend. Immerhin gab er sein Bestes sie zu provozieren, zu einer Antwort zu verleiten.

„Dann halt nicht." Er biss noch einmal ab und pfefferte den Rest auf das zwischen Martin und Anja stehende Tablett.

„Ich wollte eh gerade gehen." Er erhob sich und machte einige Schritte. Wieder schlürfte Tarek laut und wandte sich den beiden zu. „Irgendwie stinkt es hier komisch." Er rümpfte die Nase und verzog sein Gesicht zu einer angewiderten Grimasse, während er zu Martin sah. „Nach Speck?" Er pausierte. „Ach, ich weiß auch nicht, vielleicht auch nach billigem Flittchen?" Sein Blick wanderte zu Anja, um dann in der Menge zu verschwinden.

Obwohl Tarek längst gegangen war, saßen beide mit gesenktem Haupt da, auf die Überreste von Tareks Cheeseburger starrend.

„Das tut mir echt leid", raunte Anja und hob langsam ihren Blick.

„Tut mir leid", entgegnete Martin, „Du bist alles andere als ein Flittchen", sprach er tröstend auf Anja ein und ignorierte Tareks Anspielung auf sein Gewicht.

„Ich meinte", wollte Anja gerade erläutern, da unterbrach er sie.

„Weißt du, ich kann's ihm nicht verübeln." Martin atmete schwer ein und aus, spannte Anja auf die Folter, bevor er weiter sprach. „Ich denke nicht, dass er sich so verhalten würde, wenn er wüsste, dass ich krank bin."

„Krank?" Anja runzelte verwundert die Stirn und hob ihre Augenbrauen.

„Ja." Martin sah bedröppelt zu Boden, sammelte sich und fuhr fort. „Ich wollte es nie an die große Glocke hängen, nicht dass es noch heißt, es sei nur eine Ausrede, aber dir kann ich das verraten." Er hob den Blick, sah Anja in die Augen, überflog die um sie herum sitzenden Besucher des Diners und landete mit seinem Blick wieder bei Anja, die ihn irritiert ansah.

„Was hast du denn?", fragte sie vorsichtig.

Ein kurzer Augenblick der Stille verging bis Martin stammelnd fortfuhr. „Ein disproportionales Körperwachstum – bei Jugendlichen bis zu einem Alter von sechzehn Jahren." Der überaus ungläubige Blick von Anja entging ihm nicht, also begann er sich zu erklären. „Das ist eine recht seltene Krankheit, gibt nur hundert Fälle in ganz Deutschland. Ist eigentlich nicht gefährlich, man nimmt halt zu, bevor man wächst."

Unbeabsichtigt entfuhr ihr ein Aha, wobei sie sich größte Mühe geben musste, nicht zu lachen. Zu komisch klang diese Krankheit, zu unwirklich.

„Wenn du mir nicht glaubst, kannst du gerne meine Mutter fragen oder meinen Arzt." Martin klang verletzt. Fordernd blickte er sie an.

„Nein, nein schon okay, ich glaube dir", beteuerte Anja energisch. „Es klingt halt übel." Sie zog die Mundwinkel zu einem schiefen Lächeln und zuckte mit den Schultern „Ich wollte dir nicht zu nahe treten."

Martin sah sie verschämt an.

10

Röchelnd rang er nach Luft, während seine Knie langsam weich wurden. Keines seiner Glieder wollte ihm gehorchen – weder Arme noch Beine. Schwindel legte sich wie ein grauer Schleier über seine Wahrnehmung, kalter Angstschweiß bildete sich auf der Stirn und in den Augen war schiere Panik.

Wieso wehrte er sich nicht? Stark genug wäre er gewesen – stattdessen stand er wie gelähmt da und verlor zunehmend das Bewusstsein. Tatsächlich erschütterte ihn dieser Angriff, der ohne jede Vorwarnung kam, bis ins Innerste. Ein Angriff auf sein Leben – genau genommen war es das – erschütterte und lähmte ihn zugleich. Kein Gedanke an die Vergangenheit, keiner an die Zukunft, gefangen im hier und jetzt, Luft! Mit letzter Kraft vollzog er einen Atemzug, ehe seine Kräfte ihn gänzlich verließen und er leblos zu Boden fiel. Tarek stand wie erstarrt da, seinen rechten Arm zum Würgegriff ausgestreckt, die Finger verkrampft, dass die Gelenke selbst jetzt noch weißlich schimmerten, blinzelte er stumm, als wäre er von seiner eigenen Reaktion überrascht.

„Martin! Martin, wach auf." Tobi rüttelte mit aller Kraft an seiner Schulter. „Martin." Er ohrfeigte ihn beherzigt und schreckte zurück, als sich dieser ganz unerwartet, röchelnd aufzurichten versuchte.

Nun eilten auch andere Schüler und Lehrer von Tobis Geschrei, auf Martins Not aufmerksam geworden, allen voran Herr Rüdger, heran.

„Gott sei Dank." Tobias blickte seinen am Boden liegenden Freund an, der versuchte, sich auf seine Arme zu stützen. „Bist du eigentlich total bescheuert", brüllte er, überrascht von seinem Mut es ausgesprochen zu haben, Tarek an.

Aufgewühltes Getuschel drang leise zu Martin hindurch und es bildete sich eine Traube um den am Boden liegenden Jungen.

„Was ist passiert?", fragte Herr Rüdger erschrocken und half Martin, ihn stützend, hoch.

Benebelt wanderte Martins Blick langsam hin und her. Sein Kopf mit dem er, den Schmerzen nach zu urteilen, ungebremst auf dem Asphalt aufgeschlagen war, dröhnte. Sein eben noch von Tarek zugeschnürter Hals schmerzte, das Herz raste. Die Hände nass vom Schweiß, bemühte er sich seine Gedanken zu sortieren, nach einer Antwort auf die Frage des Lehrers suchend.

„Er ist umgekippt", sagte Tarek frei von jedweder Emotion.

Rasend vor Wut drehte Tobi sich zu ihm, um den wahren Grund für Martins Sturz zu verkünden, als er den Klang Martins heiserer Stimme hörte, die Tarek wie selbstverständlich Recht gab.

„Das war mein Kreislauf, Herr Rüdger – wahrscheinlich habe ich nicht genug getrunken", murmelte Martin und vermied jeglichen Augenkontakt. Tobis Wut wich Enttäuschung. Verzweifelt betrachtete er seinen sichtlich mitgenommenen Freund, die Hoffnung auf Gerechtigkeit, wenigstens dieses eine Mal, verloren.

Die neugierigen Gaffer zogen langsam ab, obgleich vielen Martins Antwort weder genügte, noch glaubwürdig erschien.

„Ich werde dir einen Krankenwagen rufen", sagte der Lehrer besorgt und zückte ein kleines Handy aus der Hosentasche seiner Cordhose.

„Nein, nein, bloß nicht, das hab ich öfters." Martin winkte ab und blickte, in der Erwartung bestätigt zu werden, schulterzuckend zu Tobi. „Stimmst Tobi?", konkretisierte er seinen nonverbalen Appell und zwinkerte seinem Kumpel zu, während Tobi auf den Boden starrend wortlos nickte.

„Na gut, wenn du das sagst", knickte der Lehrer ein. „Will ich dir das glauben. Aber pass auf, dass du mir nicht wieder wegklappst." Er hob den Zeigefinger und ermahnte Martin zur Vorsicht, sich langsam von ihm entfernend.

„Bist du eigentlich bekloppt?", sprudelte es aus Tobi, sobald sie alleine waren. „Das wäre unsere Chance gewesen, Tarek loszuwerden. Wenn das keinen Schulverweis gegeben hätte, weiß ich auch nicht", empörte sich Tobias lautstark und hob die Schultern.

50

Mit seiner linken Hand umfasste Martin schützend seinen lädierten Hals, verdeckte die leuchtend roten Druckmale auf seiner bleichen Haut und schwieg. Schreien, weinen, einfach nur weg. Die Augen schließen und alles hinter sich lassen, all die Beschimpfungen, Hänseleien, Schikanen, all die Attacken. Ein neues Leben beginnen, als hätte es dieses alte, schmerzliche nie gegeben. Martin schloss die Augen, presste die Lider fest aufeinander, dass sie unzählige kleine Falten warfen, biss die Zähne zusammen und atmete tief ein. Frische Sommerluft durchströmte seine Nase, seine Lungen, seinen Körper. Auf seiner Haut spürte er die wärmende Sonne, das friedliche Zwitschern der Vögel drang zu seinen Ohren. Mit einem kräftigen Luftstoß atmete er aus. Der eben noch aufgebäumte Körper sank in sich zusammen. Langsam öffnete er seine Augen. Das helle Tageslicht blendete und zwang ihn, die Lider zusammen zu kneifen, während er zu seinem irritierten Freund sah.

„Was war überhaupt los? Wieso ist Tarek so ausgerastet?", fragte er wesentlich leiser und gelassener als zuvor.

„Du kennst ihn doch", druckste Martin rum. „Ihm passt es nicht, dass Anja mich mag." Ein resigniertes Schluchzen entwich aus Martins Mund und auch Tobias konnte nicht anders.

Zu Hause angekommen, hoffte Martin auf Ruhe, als er seine Zimmertür hinter sich schloss. Seine Tasche flog wie nach jedem Schultag in die Ecke hinter der Tür und auch Martin hielt es nicht lange auf den Beinen. Vier große Schritte, schon war er an seinem Bett angelangt. Hätte eine Couch in sein Zimmer hineingepasst, würde er diese zum Ausruhen nutzen. Tatsächlich hatte er die Wahl zwischen Bett, Computerstuhl und Boden, was seine Entscheidung in den meisten Fällen auf das Bett fallen ließ. *Und wieder war sie hier zu Gange,* dachte Martin, als er die akkurat hergerichtete Süßigkeitenschale auf seinem Couchtisch entdeckte.

Tock, tock. Martin vernahm die zittrige Stimme seiner Mutter, die ihm von der baldigen Mahlzeit berichtete, ignorierte sie jedoch. Irgendwie war ihm nicht danach. Nicht danach zu antworten, nicht danach aufzustehen, nicht danach zu essen. Obwohl er sich in der Schule hatte nichts anmerken lassen, hatte ihn die Begegnung mit Tarek sehr mitgenommen. Noch nie war ein Angriff von ihm derart schlimm gewesen, noch nie so brutal. So demütigend, so – Martin hatte Mühe zu verstehen was passiert war, es einzuordnen, die richtigen Worte und Gefühle dafür zu finden. Irgendetwas schien nicht mehr zu stimmen, war anders, als wäre etwas in ihm zerbrochen. Durch Tareks Angriff zerstört, durch seinen festen Griff zermalmt worden.

Mit einem lauten Klack bewegte sich die Klinke unter Brittas Ellenbogen nach unten und öffnete die

Tür. In der Linken eine Flasche mit Limonade, in der Rechten einen Teller Spaghetti Bolognese, stolperte Britta ins Zimmer. „Ich hab dir dein Essen gebracht, von alleine kommst du ja nicht", sprach sie zögerlich und pustete sich eine Strähne aus dem Gesicht.

Vorsichtig stellte sie Teller und Flasche auf den Tisch.

„Wenn du nicht willst, dass sich die Hitze im Raum staut, musst du die Jalousien runterlassen", sagte sie, während sie es selbst tat. „Und deine Tasche solltest du auch nicht in die Ecke werfen – wie sieht denn das aus?" Ächzend hob sie die mit Schulbüchern gefüllte Tasche und stellte sie neben den Schreibtisch. Nach wie vor starrte Martin wortlos ins Leere. „Mensch Martin, du könntest mir wenigstens antworten." Britta zuckte mit den Schultern, winkte jedoch im selben Moment ab und verließ das Zimmer.

Lustlos stocherte Martin im vor ihm stehenden Essen und dachte über sein Leben nach. Wie war es soweit gekommen? Wie war er soweit gekommen?

Mit einem lauten Knall ließ er die Gabel auf den Tellerrand fallen, rutschte mit seinem Rücken an die Wand hinter seinem Bett, zog die Knie an und blickte auf ein altes, an der Wand hängendes Foto, was ihn gemeinsam mit seinen Eltern zeigte.

Die Frisuren und die Kleidung der 90er waren echt grässlich. Der Gedanke entlockte Martin ein kurzes Lächeln. 1994 – zehn Jahre alt war dieses Bild, auf dem er ein glückliches Kind war. Ein kleiner, süßer Junge, ohne jede Sorge, ohne jede Angst. Ein fröhliches Kind. Kräftig, aber nicht fett. Eins, was nicht gehänselt wurde, eins, was Mutter und Vater hatte. Eine Träne rann über Martins Wange, an seinem Kinn entlang bis hin zu seinem Hals. Kitzelte ihn, zwang ihn sie wegzuwischen; und da war er wieder, der Schmerz.

Immer noch schmerzten die rot unterlaufenen Druckstellen, empfindlich gegenüber jeder noch so kleinen Berührung. Martin schluchzte. Dieser Schmerz hielt vielleicht nicht ewig, die Erinnerung an ihn aber würde sich wie all die Erinnerungen zuvor, tief in seine Seele brennen. Ihn diesen Schmerz nicht vergessen lassen, ihn immerzu daran erinnern. Immer und immer wieder, unaufhörlich, ein Leben lang. Martin schluchzte und begann zu weinen.

Jeden Tag versuchte er, nicht daran zu denken, zu vergessen, zu verdrängen. Jeden Tag schluckte er seinen Schmerz runter, lachte darüber hinweg, schwieg sich aus, aber jetzt war Tarek zu weit gegangen, hatte ihn zu sehr verletzt, als dass er darüber hinwegsehen konnte, darüber lachen oder auch nur schweigen konnte. Martin vergrub sein Gesicht in seinen Händen, die Ellenbogen auf seine Knie gestützt und weinte lauthals los.

11

„Mein Gott, Martin! Was ist los? Warum weinst du?"
Britta stürzte zu ihrem Sohn, der trotz seiner stattli-
chen Statur zusammengekauert am Fußende seines
Bettes saß, als sie das Zimmer betrat. „Ist was passiert? Hat dir jemand was getan?", redete sie unaufhörlich auf ihn ein, sein braunes Haar streichelnd.

So sehr mit sich beschäftigt, war es Martin gar
nicht aufgefallen, wie sie zur Tür kam. Hätte er bloß
abgeschlossen, dachte er kurz, stellte jedoch fest, dass
das Zureden und die körperliche Nähe seiner Mutter
sehr tröstlich wirkten.

„Mensch Martin." Nach den richtigen Worten suchend, nahm sie ihren Sohn in den Arm. Die Hände
weiterhin vor dem Gesicht verschränkt, verweilte
Martin für einen Moment die Nähe genießend, bis er
sich aus der Umarmung löste und sich von seiner
Mutter abwandte. Mit stockender Atmung versuchte
er seine Tränen zu unterdrücken, aber es gelang ihm
nur schwer. Wortlos saß Britta neben ihm und strei-
chelte unermüdlich sein Haar.

„Martin, Schatz, wenn dich etwas bedrückt,
kannst du es mir jeder Zeit sagen", setzte sie zu einem
neuen Versuch an, strich über seinen Rücken und fuhr
fort. „Ganz egal was, hörst du?"

Sanft legte sie ihre Hand an seine Wange und
drehte seinen Kopf zu sich. „Du musst es nur sagen."

Während sie mit ihrer Hand an seinem Hals entlang fuhr, blickte sie in Martins geschwollenen Augen, die er nun vor Schmerz zusammenkniff.

„Lass mich in Ruhe", zischte Martin und schlug ihre Hand weg, in der Hoffnung, ihr sei sein schmerzerfüllter Blick verborgen geblieben.

„Schatz, was hast du?" Britta sah ihn entsetzt an. „Lass mich mal sehen." Sie drehte seinen Kopf zur Seite und erstarrte, als sie die Verletzungen entdeckte.

Wutentbrannt sprang Martin auf und ging zum Fenster. „Ich habe dir gesagt, du sollst mich in Ruhe lassen", schrie er Britta an ohne sie dabei anzusehen.

„Aber Martin", stammelte sie neben sich stehend. „Wer hat dir das angetan?"

„Wer hat mir was angetan?", empörte er sich in einer völlig unangemessenen Lautstärke.

„Dein Hals, ich meine wie ist das passiert, wer hat das gemacht?"

„Ich bin mit dem Rad zu dicht an einem Busch lang gefahren, nicht mehr und nicht weniger", fiepste er aufgeregt.

„Du hast doch geweint! Das war sicherlich kein Busch." Britta blickte zu Martin, in der Hoffnung, die Wahrheit zu erfahren.

„Sag mal willst du mich verarschen?", brüllte Martin. „Ein Busch. Busch! B-u-s-c-h. Busch – verstehst du?"

„Martin ich sehe doch, dass es von etwas anderem kommen muss. Wenn es jemand aus der Schule war, müssen wir das melden." Britta beharrte auf ihrer Theorie.

„Was für melden, bist du jetzt ganz übergeschnappt?" Martin bäumte sich vor seiner Mutter auf. „Raffst du nicht was ich dir sage?", schrie er erneut viel zu laut und gestikulierte wild vor ihrem Gesicht, so dass Britta nun diejenige war, die sich zusammenkauerte.

„Ich muss es dem Direktor sagen, das geht so nicht", raunte sie, den Blick auf den Boden gerichtet.

„Du raffst es nicht oder?" Martin lachte hysterisch, riss seine Tür auf und deutete mit der Hand in den Flur.

„Ich mache mir Sorgen um dich." Sie zuckte mit den Schultern, als müsse sie sich dafür entschuldigen.

„Wird's bald", setzte Martin ungeduldig nach und wandte den Blick von ihr ab.

„Ich sag's ja nur", ruderte die eingeschüchterte Frau zurück und verließ kopfschüttelnd den Raum.

Mit einem lauten Knall ließ er die Tür hinter ihr ins Schloss fallen und legte sich zurück aufs Bett. Wieder war die Situation zwischen Mutter und Sohn eskaliert. Seine Atmung verlangsamte, normalisierte sich. Wieso war sie derart beharrlich? Wieso konnte sie kein nein akzeptieren? Ihn nicht in Ruhe lassen? Ob es wirklich nur Sorge war? Martin legte seine

Hände in den Nacken und starrte zur Decke hinauf. Ihre Berührung, ihre Umarmung, ihre Fürsorge taten ihm gut, umschmeichelten, trösteten ihn, gaben ihm Kraft. Gaben ihm das Gefühl geliebt zu werden. Aber war es nicht diese übertriebene Fürsorge, die ihn überhaupt erst in diese Situation gebracht hat? Schließlich war es Britta, die ihm keinen Wunsch ausschlug, ihm alles gewährte. Ihn mit seinen Lieblingsspeisen regelrecht mästete.

Wieder keimte unendliche Wut in Martin auf. In Sekundenschnelle ballte er seine Fäuste und schlug mit einem dumpfen Knall gegen die weiße Wand neben sich.

„Ist alles okay?", rief es aus dem Wohnzimmer der hellhörigen Dreiraumwohnung und stachelte Martins Wut noch mehr an.

„Nichts ist okay, überhaupt nichts", knurrte Martin wie ein wildes Tier und stürmte zur Wohnungstür hinaus.

Der frische Fahrtwind kühlte sein Gemüt etwas ab. War es wirklich nötig auszurasten? Zu schreien und zu toben? War es wirklich Brittas Schuld, dass er war wie er war? Oder lag es an ihm, öfter nein zu sagen?

Mit quietschenden Reifen hielt Martin am Skaterpark und ließ sein Fahrrad neben einer der Rampen auf den Boden fallen. Mit etwas Anlauf lief er die Rampe hoch und setzte sich oben hin.

Endlich Ruhe, dachte er, als er mit seinem Blick den großen Platz überflog und niemanden entdeckte. Martin zog seine Knie an, lehnte sich zurück und verschränkte die Arme vor der Brust.

Nur noch zwei Wochen bis zu den Sommerferien, dann ist erst mal Ruhe. Sechs Wochen Erholungspause, dann beginnt das Spiel von vorne, oder doch nicht? Wie jedes Jahr keimte die Hoffnung in Martin auf, dass Tarek nach den Ferien nicht mehr da wäre, bevor er sich eingestehen musste, dass es nur eine seiner vielen Träumereien war. Natürlich würde Tarek auch im nächsten Jahr da sein, um ihm das Leben zur Hölle zu machen und natürlich müsste er sich wieder Tag für Tag durch dieses Martyrium kämpfen. *Nur noch zwei Jahre, dann ist es vorbei.*

Vor seinem bildlichen Auge sah er sich als DJ vor dem Mischpult einer gut gefüllten Diskothek, bis ihn ein lautes Lachen aus seinem Tagtraum riss. Sofort schreckte er auf und seine Alarmglocken schrillten, Lachen verband er zumeist mit Spott und Häme, mit Auslachen. Nervös sah er sich um und atmete erleichtert auf, als er feststellte, dass das süße Lachen, welches über den ganzen Platz hallte, nicht ihm galt. Abseits auf einer Bank, direkt hinter der Rampe, auf der Martin Platz gefunden hatte, saßen zwei Mädchen kaum älter als er und kicherten beim Durchblättern einer Zeitschrift. Offenbar waren sie gekommen, als Martin gedankenversunken über sein Leben sinnierte.

Weder sah er sie, noch hatte er etwas gehört, und zwar bis zum besagten Lachen.

Ob sie mich entdeckt haben? Und wenn schon, dachte er, *schließlich war es nicht verboten hier zu sitzen.*

Von der Rampe aus hatte Martin einen wunderbaren Blick auf die beiden Freundinnen, eine blond eine brünett. Eine Weile beobachtete er die Mädchen. Beide schienen sympathisch zu sein, nicht so abgehoben wie die meisten Mädchen aus seiner Schule, aber selbst bei ihnen bekäme er vermutlich keine Chance. Wehmütig atmete Martin aus und erschrak beim Blick auf die Uhr. Viertel vor acht. Vier Stunden hat er dort gesessen, ohne zu merken, wie die Zeit vergeht. Jetzt erst merkte er ein leichtes Ziehen im Magen, was sich als Hunger erwies. Und auch seine Blase bat mit einem Zwicken darum, geleert zu werden.

Mit einem Ruck schwang Martin sich an den Rand der Rampe und rutschte sie wie eine Rutsche hinab. Mit Sicherheit würden ihn die beiden Mädchen hören, vermutlich sogar sehen. Er könnte ihnen Hallo sagen, zuzwinkern, winken, aber Martin blickte sich nicht um. Er nahm sein Fahrrad und fuhr los.

12

Es war der letzte Schultag als Martin und Tarek erneut aneinander gerieten. Seit Tagen zog Tarek Martin auf und beschimpfte ihn als Muttersöhnchen, weil seine Mutter einige Tage zuvor mit dem Direktor über den Vorfall auf dem Schulhof gesprochen hatte und auf eine entsprechende Strafe für den Angreifer bestand.

Herr Rüdger kam an diesem Tag mit finsterer Miene zur Tür, schlug das Klassenbuch lautstark auf das Lehrerpult und sprach fast eine Stunde darüber, dass er ein solch brutales und respektloses Verhalten in seiner Klasse nicht dulden würde. Da weder der Direktor noch Herr Rüdger denjenigen ausfindig machen konnten, der so massiv gegen Martin vorgegangen war, verschlimmerte diese Ansprache die Situation für ihn eher, als sie zu verbessern.

Seit langem musste Martin sich nicht mehr so viele Beleidigungen und Demütigungen anhören, dennoch wurde Tarek nicht müde, ihm immer mehr Beschimpfungen an den Kopf zu werfen. Martin hingegen entschied sich für den Rückzug – *der Klügere gibt nach,* dachte er – und versuchte Tareks Sticheleien zu ignorieren.

Um halb zehn klingelte es zur Pause und die Schüler stürmten auf den Schulhof. Lautes Kindergelächter wechselte sich mit Rufen der älteren Schüler ab und die strahlende Sonne verlieh diesem Bild etwas Idyllisches. Fernab der anderen fand sich Martin am Rande des Schulhofs ein, auf das Ende der Pause wartend.

„Hey Martin", rief Tarek aus der Raucherecke, ohne eine erkennbare Reaktion von Martin vernehmen zu können. „Martin, komm mal her, ich will mit dir reden."

Langsam hob Martin seinen Blick und sah zu Tarek rüber. Selbstgefällig lehnte dieser an der Wand. Vollkommen in weiß gekleidet, hielt er eine Zigarette im rechten Mundwinkel. Mit dem linken Fuß stützte Tarek sich an der Wand ab, die Hände in den Hosentaschen. Martin schüttelte langsam den Kopf und senkte seinen Blick zu Boden.

„Na los, ich möchte nur reden, mich bei dir entschuldigen." Tarek öffnete unschuldig die Arme und zuckte mit den Schultern.

Was soll´s, dachte Martin und schlenderte zur Raucherecke. „Was willst du?", fragte er Tarek zögerlich, als er endlich vor ihm stand.

„Mich entschuldigen." Tarek blickte zu seinen neben ihm stehenden Freunden und lachte auf.

„Dann mal los", murmelte Martin ungläubig und vergrub seine Hände in den Hosentaschen seiner weiten Jeans.

„Weißt du Martin, ich habe mir da ein paar Gedanken gemacht", holte Tarek breit grinsend aus. „Ich nenne dich zwar Muttersöhnchen, aber vielleicht bist du nicht das Problem, sondern deine Mutter?"

Gespannt blickte Martin in seine Augen und wollte zustimmend nicken, als Tarek weiter zu sprechen begann. „Vielleicht kann sie einfach nicht loslassen und muss für dich da sein?" Wieder holte er sich die Bestätigung seiner Freunde, indem er ihre auf sich gerichteten Blicke suchte. „So wie sie für dich sicherlich kocht und aufräumt oder für dich zum Direx läuft." Tareks Stimme klang ruhig als er sprach, deshalb hatte Martin ernste Schwierigkeiten seine Absichten einzuschätzen. „Vielleicht hilft sie dir auch bei den Hausaufgaben, deckt dich zu, wenn das Baby schlafen soll, putzt dir den Hintern ab, wenn du auf Toilette gehst und bindet dir deine Schuhe?" Mit einem leisen Plopp schnipste Tarek seine Kippe direkt vor Martins Füße und setzte sein schmieriges Grinsen auf. „Mit Sicherheit macht sie dir auch deine schicken Gelfrisuren und putzt dir dein Näschen, wenn es läuft." Tarek lachte laut auf, wobei das Gelächter der anderen Martins wütendes Schnauben übertönte. Gerade wollte Martin sich von Tarek abwenden, um zu gehen, als dieser laut lachend zum finalen Stoß ausholte. „Wahrscheinlich reicht sie dir sogar beim Wichsen die Taschentücher, also sei es dir verziehen, dass sie beim Direx war. Sie konnte einfach nicht anders." Tarek prustete los und die anderen setzten mit ein, während

Martin beim Versuch, sich zu beherrschen, tief ein- und ausatmete.

„Sogar beim Wichsen, hahaha, ich werd' nicht mehr", hörte er seine Mitschüler hinter sich lachen, drehte sich um, ballte seine Fäuste und machte einen großen Schritt auf Tarek zu, bis er direkt vor ihm stand und das Lachen langsam verstummte.

„Oh, seht her, Specki ist mutig geworden. Willst du mich schlagen?", lachte er abfällig und wiederholte seine Frage. „Komm doch." Erst jetzt stellte er auch sein linkes Bein auf den Boden und richtete sich auf. „Komm, schlag mich", provozierte er den vor ihm er-starrten Martin. „Oder traust du dich nicht ohne deine Mami?" Wieder ertönte von allen Seiten lautes Ge-lächter und auch Tarek lachte. Insgeheim war das La-chen schlimmer als all die Beleidigungen, denn es er-weckte all die gemeinen Worte, die Tarek für ihn fand, erst zum Leben. Ließ die Worte real werden, be-grub jede Hoffnung, sie wären ungehört geblieben, und streute Salz in all die frischen und alten Wunden.

Mit lautem Knurren warf Martin sich auf Tarek, packte ihn am Kragen seines weißen Poloshirts und begann ihn zu schütteln. Der einen Kopf kleinere, ma-gere Körper wirkte in Martins Händen leblos wie eine Puppe. Immer wieder zog Martin ihn zu sich, um ihn von sich und gegen die Wand zu stoßen. Einmal, zweimal, dreimal – während Martin einen beinahe unmenschlichen Schrei ausstieß.

Erschrocken und staunend entfernten sich die umher stehenden Mitschüler von den beiden, eine Traube bildend. Niemand traute sich auch nur in die Nähe von Martin, der Tarek, als sei er besessen, unaufhörlich gegen die Wand schlug.

13

Selbstverständlich hatte es zu Hause Ärger gegeben, nachdem der Schulleiter Britta angerufen und von Martins Verhalten berichtet hatte. Eine halbe Stunde lang redete Britta auf ihn ein, bevor sie ihm verkündete, dass sie nicht mehr weiterwisse und er in den nächsten zwei Wochen Hausarrest habe. Schweigend ließ Martin die Moralpredigt über sich ergehen, erhob sich, als Britta fertig war, und verließ wortlos die Wohnung. Ohne ein bestimmtes Ziel zu haben, schwang er sich auf sein Fahrrad und fuhr los. Einfach raus, allein sein, den Kopf frei kriegen.

Oft genug hatte er sich vorgestellt, wie er sich gegen Tarek auflehnen, ihm die Stirn bieten würde, welch schönes Gefühl das wäre. Jetzt, wo er sich endlich getraut hatte, nachdem seine ganze Wut unkontrolliert aus ihm herausgeströmt war, fühlte er nichts. Keine Genugtuung, keine Zufriedenheit, stattdessen eine unerklärliche Leere. Eine Weile fuhr Martin durch die Straßen der Kleinstadt, bis er seinen Weg zum Skaterpark fand. Zielsicher ging er zu *seiner* Rampe, nahm Anlauf und fand sich wenige Sekunden später, oben wieder.

Was würde nun aus ihm und Tarek? Die Sommerferien standen außer Frage. Wie jedes Jahr verbrachte Tarek sie bei seiner Familie im Ausland, doch was käme danach? Wie in Trance ritzte Martin mit seinem

Schlüssel eine immer tiefer werdende Kerbe in das Holz der Rampe.

„Hey. Hallooo?"

Martin sah in zwei ihm bekannte Gesichter, die am Fuße der Rampe standen und mit großen Augen zu ihm hinaufsahen. Schnell erkannte er sie als die zwei Mädchen von neulich und gab sich betont cool.

„Meinst du mich?" Martin deutete mit der Hand auf sich und blickte suchend über den Platz, um sich vom Gegenteil zu überzeugen.

„Natürlich meine ich dich." Svenja kicherte und stupste ihre Freundin an, die ebenfalls kichernd ergänzte: „Ist ja sonst niemand da."

„Wer weiß", brummte er und setzte sich gerade hin. „Was wollt ihr?"

Svenja blickte zu Jasmin und wieder zu Martin, biss sich keck auf die Unterlippe, ließ sie zwischen den Zahnreihen herausgleiten und begann zu reden. „Hast du eventuell eine Zigarette für uns?" Ihre blauen Augen funkelten im hellen Tageslicht. „Oder auch zwei?", ergänzte Jasmin und hob ihre Augenbraue.

„Warum holt ihr euch keine, der Kiosk ist doch direkt gegenüber", entgegnete Martin genervt.

„Haha. Witz komm raus." Svenja funkelte ihn an. „Als hätten wir das nicht versucht."

„Hast du nun eine oder nicht?", unterbrach Jasmin ungeduldig.

„Nee, tut mir leid, ich … *rauche nicht"*, wollte Martin sagen, erkannte das Problem, räusperte sich und fuhr fort. „Ich habe leider selber keine mehr." Enttäuscht blickten die Freundinnen einander an. „Dass der Kioskheini sich so anstellen muss – dieses eine Jahr", seufzte Jasmin.

„Ach, seid ihr erst fünfzehn?", schlussfolgerte Martin, der durch seine Größe älter wirkte, als er tatsächlich war.

„Haha." Svenja und Jasmin verschränkten ihre Arme. „Kannst uns ja welche holen."

Sofort witterte Martin seine Chance und schlüpfte in eine ihm noch unbekannte Rolle.

„Wenn ihr mich lieb bittet, könnte ich das tun." Er zwinkerte den Mädchen zu und gab damit vor, sechzehn zu sein.

Ungeduldig steckten sich die Mädchen ihre Zigaretten an, als Martin ihnen die Schachtel, die er wie erwartet problemlos bekam, übergab. Die Hände in die Hosentaschen gesteckt, stand er vor der Bank, auf der die Freundinnen saßen.

„Willst du nicht auch eine?" Svenja hielt lächelnd die geöffnete Schachtel entgegen. „Du rauchst doch, sagtest du?"

Unsicher sah Martin sich um. Noch nie hatte er geraucht, es nicht einmal probiert. Alleine der kalte Rauch, den er von seiner Mutter kannte, widerte ihn an, aber jetzt gab es kein Zurück. Zögernd nahm er eine Zigarette aus der Schachtel heraus und betrachtete sie, während Svenja ihm das gezündete Feuerzeug entgegenhielt. Unsicher steckte er den Filter in den Mund und zog daran, während er das andere Ende ins Feuer hielt.

Der Rauch schmeckte widerlich und brannte in seiner Kehle. In seinen Augen sammelten sich Tränen und er gab sich dem Hustenreiz hin.

„Ja, ja, du hast keine." Die Mädchen lachten.

Angewidert blickte Martin die Zigarette an und ruderte theatralisch mit den Armen. „Was raucht ihr denn für Kraut?" Er unterbrach das Lachen der beiden, zog noch einmal an der Zigarette, verzog sein Gesicht und hustete erneut.

Verwundet sahen Svenja und Jasmin zu Martin.

„Ich rauche sonst Gestopfte oder Gedrehte – da hat man nicht so viel Mist drin wie in den Normalen." Er versuchte sich zu retten und zog noch einmal an der Zigarette – diesmal ohne zu husten.

„Schmecken die nicht richtig scheiße?"

„Nein, im Gegenteil, besser als die und vor allem kostenlos!"

Den beiden Mädchen stand die Verwunderung ins Gesicht geschrieben. Schließlich fragte Svenja nach. „Wieso kostenlos, hast du einen Kiosk ausgeraubt?"

„Nein, meine Ma holt sich Tabak und ich bediene mich daran." Martin lachte.

Obwohl sich die Mädchen und Martin noch nicht lange kannten, fanden sie schnell einen Draht zueinander und verabredeten sich für die kommenden Tage. Trotz gegenseitiger Sympathie sahen sie sich zunächst nur als Mittel zum Zweck. Martin besorgte ihnen täglich ihre Zigaretten und hatte im Gegenzug ein dankbares Publikum.

Mittlerweile waren die ersten drei Wochen der Sommerferien vergangen und das Wochenende nahte. Wie immer war Martin früher als verabredet am Skaterpark und wartete auf Svenja und Jasmin, die sich heute besonders viel Zeit ließen. Nervös nagte Martin am Knöchel seines Daumens, dessen verhornter Haut diese blöde Angewohnheit mittlerweile wenig ausmachte, als er die beiden endlich erblickte. Kichernd kamen sie mit Tüten in der Hand und winkten ihm aus der Entfernung.

„Hey." Sie begrüßten ihn mit Küsschen rechts und links, welche mittlerweile zum vertrauten Begrüßungsritual zwischen den Teenagern gehörten.

„Wo wart ihr so lange?"

Lächelnd wedelte Svenja mit ihren Tüten vor Martins Nase.

„Shoppen – wo denn sonst."

„Wir müssen doch für Samstag perfekt aussehen", fügte Jasmin hinzu.

„Samstag? Was ist am Samstag?", fragte Martin neugierig.

„Da fragst du noch? Samstag steigt die Party des Jahres, wenn nicht sogar des Jahrzehnts." Jasmin grinste aufgeregt zu Svenja rüber.

Martin sah sie erstaunt an, senkte jedoch den Blick, als er verstand, dass sie sich Samstag nicht sehen würden.

„Wenn du willst, kannst du mitkommen", schlug Svenja vor und blickte schulterzuckend zu Jasmin. „Dennis hat gesagt, dass wir ruhig jemanden mitbringen können."

„Ach, ich weiß nicht, ich kenne da doch keinen."

„Na komm schon, wird sicher lustig. Schließlich brauchen wir unseren persönlichen Kippendealer." Svenja lachte laut auf und steckte die anderen mit ihrem Lachen an.

„Ja, ja, gib es zu, ist bestimmt der einzige Grund, warum ich mit soll." Martin tat beleidigt, zwinkerte aber im selben Moment, um seinen Scherz zu offenbaren.

„Natürlich nicht." Winkten die Mädchen ab und begannen mit der Planung für Samstag.

Unter der Party des Jahres verstanden die Mädchen den achtzehnten Geburtstag ihres Freundes und Cliquenanführers Dennis. Seit Wochen liefen die Vorbereitungen und jeder der geladenen und ungeladenen Gäste wusste sich darauf zu freuen.

Dennis' Eltern hatten den Ruf, sehr locker zu sein, deshalb wunderte es niemanden aus der Clique, dass sie kommentarlos die alkoholischen Getränke für die Party bereitstellten. Mehrere Kisten Bier, Sekt und unzählige Schnäpse sollten es für den Geburtstag sein. Ihr Sohn wurde achtzehn und das sollte gebührend gefeiert werden.

„Am besten bringst du irgendwas zu trinken mit, dann dürfte keiner was sagen, wenn du mitkommst", sagte Jasmin. „Eine Flasche Wodka oder Korn." Martin nickte zustimmend.

Plötzlich kreischte Svenja auf. „Ich hab *die* Idee. Was haltet ihr davon, dass wir uns Samstag zum Vorglühen treffen und danach gemeinsam zur Party gehen?"

Martin und Jasmin nickten. „Und unser Kippendealer besorgt uns ein Bierchen – wäre das nicht was?"

Unsicher darüber, ob ihm das gelänge, stimmte Martin zu und sah sich in Gedanken, inmitten partywütiger Teenies.

Mit Sicherheit würden Svenja und Jasmin davon erzählen, wie toll und nett er sei. Damit hätte er die Sympathien sicher und falls nicht, könnte er immer noch von seiner Zukunft und seinen Erfahrungen als DJ erzählen. Martin lächelte zufrieden, musste jedoch unweigerlich an Anja und das Ergebnis seiner Lügen denken. Und was, wenn er auf der Party einem seiner

Mitschüler begegnen würde? Er ihn vor all den Leuten, vor allem vor seinen Freundinnen, outen würde? Eine unendliche Wut stieg in Martin auf und zwang ihn, die Fäuste zu ballen.

„Einverstanden, machen wir. Wir müssen jetzt los, bis Samstag."

In seinen Gedanken gefangen, vernahm Martin den flüchtigen Abschied der beiden und winkte abwesend.

14

Bier und Schnaps sollte es sein und im Gegenzug durfte Martin mit zur Party. Klang fair. Nicht leicht, aber fair.

In dem Wissen, allein zu Hause zu sein, stand er auf und ging ins Wohnzimmer. Ein mittelgroßer, heller Raum, nichts Besonderes eben. Die Wände wie die Vitrine gespickt mit Fotos von Martin mit Britta und eine Mischung aus Raumspray und kaltem Rauch in der Luft.

Zielstrebig ging Martin an das unterste Fach der Kommode und öffnete ihre Türen. Treffer. Unzählige Flaschen – Wein, Liköre, Schnäpse – standen vor ihm. Martin musste sich nur noch bedienen. Britta trank nur zu besonderen Anlässen und Feiertagen, dennoch war die Minibar des Hauses stets gut gefüllt, für den unwahrscheinlichen Fall der Fälle. Martin konnte es nur recht sein. Er hatte die freie Wahl und musste nicht befürchten, dass die fehlende Flasche auffällt. Immerhin waren bis Silvester noch über vier Monate.

Martin sah sich um und holte einige Flaschen aus der Kommode heraus, um sie genauer anzusehen. Ein Schnaps solle es sein, hatte Jasmin gesagt. Also suchte er nach einem geeigneten Mitbringsel. Eine schlichte, durchsichtige Flasche mit goldenem Deckel fiel Martin ins Auge, als er sich durch den Alkoholvorrat seiner Mutter nach hinten gearbeitet hatte. So schlicht wie die Flasche war, so aufregend erschien ihm der Inhalt. Stechend grüne Flüssigkeit und die goldene Aufschrift ‚Absinth'. Martin nahm die Flasche aus der Kommode heraus, betrachtete sie eindringlich und lächelte freudig. 60 Vol.

Na wenn das mal kein Schnaps ist, dachte er und räumte die übrigen Flaschen ein.

Martin ging zurück in sein Zimmer und verstaute seine Errungenschaft unter seinem Bett, in der Hoffnung Britta würde sie bei einer ihrer ständigen Aufräumaktionen nicht finden. *Bleibt noch das Bier.*

Plötzlich klingelte es an der Tür. Unwissend, was ihn erwartete, nahm er den Hörer der Gegensprechanlage ab und hörte abwartend hinein, bevor er etwas zu sagen wagte.

„Hallo? Ich bin's Tobi."

Martin betätigte kommentarlos den Summer und hörte zügige Schritte im Treppenhaus.

„Na Alter", begrüßte Tobi ihn von der Türschwelle aus.

„Komm rein."

Die Freunde gingen in Martins Zimmer und setzten sich aufs Bett.

„Lange nichts mehr von dir gehört."

„Ich weiß."

„Dachte schon, du hast lebenslänglich Hausarrest bekommen."

„Nein, nein, nur viel zu tun ", murmelte Martin.

„Soso, viel zu tun? Was denn?" Tobi klang belustigt.

„Das Übliche halt und dann ist da Samstag noch 'ne Party …"

„Du und eine Party?" Tobi hob verwundert die Augenbrauen.

„Ja, voll cool, mit Alkohol und allem drum und dran – 'ne echte Party." Martin schwärmte augenblicklich los. „Vielleicht kannst du nächstes Mal mitkommen, wird bestimmt lustig. Diesmal bin ich selber nur die Begleitung."

„Vielleicht." Enttäuscht sah er zu Boden. „Und was musst du so Wichtiges erledigen, wenn du nur Gast bist?"

„Bier und Schnaps besorgen und mir fehlt noch das Bier."

„Das wird sicher nicht leicht ohne Geld und Perso." Tobi richtete seinen Blick wieder auf.

Martin nickte stumm.

Einen Moment lang schwiegen beide, bis sie die Schlüssel im Schloss der Wohnungstür hörten. Ein paar dumpfe Schritte, schon klopfte es an Martins Tür.

„Martin?" Die Tür öffnete sich. „Hallo Tobi."

„Hallo."

„Guck mal, ich habe dir was mitgebracht." Britta holte ein Hemd aus ihrer Handtasche heraus.

„Leg hin." Vorsichtig legte sie das akkurat gefaltete Hemd auf Martins Schreibtisch und verließ den Raum.

„Wieso fragst du nicht deine Mutter, ob sie dir ein paar Euro gibt?"

„Britta", rief Martin.

„Ja? Was ist denn?"

„Komm mal."

Wieder öffnete sich die Tür und Martins Mutter kam hinein.

„Kannst du mir zehn Euro geben?"

„Zehn Euro? Wofür?"

„Kannst du oder kannst du nicht?"

„Ich sehe nach. Wofür brauchst du das Geld?"

„Für ein Geschenk."

„Ein Geschenk?" Britta kam nicht umhin, verwundert zu klingen, schließlich wurde Martin nur selten eingeladen. „Für wen denn?"

Erwischt.. Der Alarm schaltete sich bei Martin ein und seine Atmung wurde schneller. „Für Tobis Cousin."

Tobi, der eben noch gedankenversunken aus dem Fenster blickte, schreckte auf und sah verwirrt zu seinem Freund.

„Er hat Samstag Geburtstag und hat uns eingeladen." Er legte den Arm um Tobis Schulter.

„Ach, verstehe, eine kleine Party." Britta schmunzelte und ging in den Flur zu ihrer Handtasche.

„Genau, nichts Besonderes", erklärte er und zwinkerte Tobi zu.

Mit einem Zehn-Euro-Schein kam Britta nach kurzer Zeit zurück ins Zimmer und überreichte Martin das Geld. „Da hast du aber Glück gehabt, einen hatte ich noch, sonst hätte ich erst wechseln müssen."

„Ja", antwortete Martin desinteressiert und steckte den Schein in seine Hosentasche.

Verunsichert zuckte Britta mit den Schultern und ging in die Küche, um den Einkauf auszupacken.

„Das ging ja einfach. Danke, dass du mich auf die Idee gebracht hast." Martin strahlte.

„Keine Ursache, aber diese Sache mit meinem Cousin musste echt nicht sein."

„Ach komm, nur eine kleine Notlüge." Martin zwinkerte und nahm den Zehner aus seiner Hose. „Du weißt doch, der Zweck heiligt die Mittel." Er wedelte grinsend mit dem Schein vor Tobis Gesicht.

15

Aufgeregt machte Martin sich auf den Weg zum Skaterpark. Das neue Hemd machte ihn so schick, so erwachsen, dass seine Mutter vor Glück beinahe zu weinen begann, als *ihr* Martin, so zurechtgemacht das Haus verließ.

Seine Haare zu vielen kleinen Stacheln gegelt, ging er zum Supermarkt, um das fehlende Bier zu besorgen. Selbstbewusst nahm er sich einen Sechserträger aus dem Regal und ging damit zur Kasse. Ein skeptischer Blick der Kassiererin, schon war es vorbei. Nicht einmal nach seinem Alter hatte sie ihn gefragt, geschweige denn nach einem Ausweis, dabei hatte er in den letzten zwei Tagen viele Gedanken an diesen Moment verschwendet. Ihn sich vorgestellt, sich Antworten überlegt, vor dem Spiegel geübt. Erleichtert atmete Martin beim Verlassen des Ladens auf und führte seinen Weg fort.

Wie immer war er früher da. Schob seine Tasche unter die Bank, auf der er Platz nahm, und sah sich suchend um.

In seiner Hosentasche hatte er noch fünf Euro. *Ob ich mir davon eine Schachtel Zigaretten holen soll?* Bisher rauchte er unter dem Vorwand, er wolle aufhören, bei den Mädels mit. Aber auf einer Party als Raucher ohne Zigaretten aufzukreuzen, würde zu viele Fragen aufwerfen. Schnell ging Martin zum Kiosk, bevor er zur bereits anvisierten Bank zurückkehrte und Platz nahm. Wenige Minuten später hörte er ein lautes Pfeifen und sah seine Freundinnen sich nähern.

„Ui, ui, ui", bemerkte Jasmin.

„Aber selber."

Küsschen rechts, Küsschen links – die Begrüßung fiel kurz und bündig aus.

„Wartest du schon lange?"

„Nee, bin eben erst gekommen", antwortete Martin und holte stolz den eben erst gekauften Sechserträger aus seiner Tasche.

„Sogar das Teure", stellte Svenja anerkennend fest und Martin nickte.

„Selbstverständlich und ganz ohne Probleme."

„Wieso Probleme, ich denke, du bist sechzehn?"

„Weil ich meinen Ausweis vergessen habe." Gekonnt rettete er sich und öffnete ein Bier, um vom Thema abzulenken. „Auch eins?"

Die Mädchen nickten stumm. Kurz darauf klirrten die Flaschen und das Gespräch war vergessen.

Sobald das zweite Bier ausgetrunken und das Sixpack leer war, begab sich das Trio zur Party. Angeheitert, hakten sich die Mädchen – eine rechts, eine links – bei Martin ein und verliehen ihm ein großartiges Gefühl. Er wurde akzeptiert, gehörte dazu. Martin lächelte stolz, ohne genau zu wissen, ob das nicht mehr weggehen wollende Lächeln in seinem Gesicht wirklich vom Alkohol kam. Erhobenen Hauptes stolzierte er mit den beiden durch die Straßen der Innenstadt, bis sie zum Haus von Dennis kamen. Wenig glamourös und beinahe winzig wirkte das graue Reihenhaus aus vergangenen Jahrzehnten. Allerdings schien es nicht wichtig, da es über einen Partykeller verfügte. Und das war, zumindest für die Jugendlichen, das, was zählte. Dumpfe Bässe fanden ihren Weg auf die Straße und ließen die drei in freudiger Erwartung zum Haus schreiten.

Ding dong. Immer noch eingehakt, standen sie aufgeregt da und warteten, dass jemand öffnet. Svenja klingelte erneut und hörte eine ihr bekannte Stimme hinter der Tür.

„Ist ja gut, ich komme schon."

Martins Nervosität stieg von Sekunde zu Sekunde an und mit ihr auch sein Herzschlag. Ein leichter Schweißfilm, den er unauffällig an seinem Hemd abzuwischen versuchte, legte sich über seine Hände. Was ihn hinter dieser Tür wohl erwartete? In Sekundenschnelle ließ Martin alle für ihn wahrscheinlichen Szenarien vor seinem bildlichen Auge durchlaufen. Die Tür ginge auf und er würde mit offenen Armen empfangen. Die anderen Gäste würden zu ihm nicht nur körperlich hinaufblicken, ihn zum Beispiel für sein Mitbringsel, den Absinth, bewundern, sondern auch als ebenbürtiges Mitglied der Clique begrüßen. Doch wenn jemand der ihn kannte, die Tür öffnete, würde dieser ihn als Specki begrüßen und entlarven.

Sofort wüssten die Mädels, dass er erst vierzehn war, würden ihn verhöhnen, sich von ihm abwenden und ihn unsanft vor die Tür setzen. Dieser Gedanke bereitete Martin Magenschmerzen, die gepaart mit seiner Nervosität Übelkeit verursachten.

Und was wäre, wenn er links liegen gelassen, ignoriert würde? Sein Atem stockte. Am liebsten hätte er zu einer seiner Notlügen gegriffen und sich wegen Unwohlseins verabschiedet, allerdings war es dafür zu spät, denn in diesem Moment öffnete sich die Tür.

„Hallo Mädels, da seid ihr ja endlich."

Stürmisch begrüßten Svenja und Jasmin ihren Kumpel. „Wen habt ihr denn mitgebracht?" Basti musterte sein Gegenüber.

„Das ist Martin, ein Freund von uns." Svenja hakte sich wieder unter seinen Arm.

„Hi." Nervös fummelte Martin in seiner Tasche und holte die schlichte Flasche heraus. „Ich habe was mitgebracht."

Bastis Blick wanderte über die Flasche, zum Etikett und über die Angabe des Alkoholgehalts. Ein breites Grinsen tat sich auf und er streckte seinen rechten Arm zum Handschlag aus. „Komm rein, guter Mann, war nur Spaß." Er lachte.

„Den Absinth kannst du mir trotzdem geben." Sein Lachen wurde lauter. Ein freundliches, ansteckendes Lachen. Deutlich entspannter als noch vor wenigen Sekunden lachte Martin, wenn auch zurückhaltend, mit.

Langsam schritten sie durch das Haus. Überall tanzten, standen oder saßen Leute, die meisten, wenn nicht alle, älter als Martin. Neugierig sah er sich in den dunklen Räumen um, Musik übertönte die vielen Gespräche und ab und zu drang ein Lachen durch sie. „Lasst es euch schmecken." Basti gab jedem der drei einen Becher und prostete ihnen zu.

Zügig trank Martin sein Getränk und wischte mit dem Arm über seinen Mund, während Basti ihn dabei nicht aus den Augen ließ. Der Wodka-E schmeckte bitter-süß nach und ließ ihn erahnen, dass das schnelle Trinken nicht ohne Folgen bleiben würde. Martin hatte ein Zeichen gesetzt und war mit sich und seiner Trinkleistung zufrieden. Immerhin sollte keiner denken, er würde nichts vertragen oder hätte, was insgeheim der Fall war, noch nie getrunken.

Nach der nächsten Runde setzten sie ihre Begehung fort. Immer wieder kamen andere Gäste auf Svenja und Jasmin zu und begrüßten sie stürmisch, während sie Martin mal neugierig, mal skeptisch beäugten. Angeheitert lebte er im Hier und Jetzt, und zwar in einem, das ihm gut gefiel. Keiner, der ihn hänselte und triezte, niemand, der auf sein Gewicht anspielte. *Offenbar lag das am Alter,* dachte Martin und erfreute sich seit langem an seinem Leben.

Während im Erdgeschoss des Hauses die Gäste tanzten und tranken, fand sich im Partykeller der Kern der Clique rund um das Geburtstagskind ein. Beim Absteigen in den Keller bemerkte Martin, dass ihm der Alkohol langsam zu schaffen machte. Die Treppenstufen unter seinen Füßen verschwammen. Um nicht zu stürzen, hielt er sich am Geländer fest. Seine Euphorie stieg mit jedem Schluck, die Wahrnehmung hingegen ließ immer mehr nach.

„Jasmin, Svenja, wollt ihr mitspielen?" Taumelnd versuchte Martin die Stimme zu lokalisieren, während die Mädchen ihn an der Hand nahmen und hinter sich herzerrten.

„Setzt euch." Ein Unbekannter mit schwarzen Haaren deutete auf die alte Couch gegenüber.

„Und schon aufgeregt?", fragte Jasmin ihn, als sie sich setzten. „Sind ja nur noch zwei Stunden bis Mitternacht."

„Ach was, saufen kann ich auch jetzt schon." Er lachte und schenkte Klaren in die vor ihm stehenden Schnapsgläser. „Auf mich."

Der Schnaps brannte in Martins Kehle. Ohne sich etwas anmerken zu lassen, stellte er das leere Glas auf den Couchtisch.

„Noch einen?", fragte der Gastgeber und schenkte, ohne eine Antwort abzuwarten, ein. „Ich bin Dennis." Er trank den Kurzen und blickte auffordernd zu Martin, der sich an seinem Glas zu schaffen machte.

„Martin", sagte er und schüttelte Dennis' Hand.

„Wenn wir das nun hinter uns haben", unterbrach Jasmin das Platzhirschgehabe, „können wir jetzt anfangen zu spielen."

Zustimmend nickte Dennis ihr zu und erklärte die Spielregeln des Trinkspiels.

„Wo willst du hin? Es ist gleich Mitternacht", hörte Martin Svenja hinter sich rufen, als er sich durch die tanzenden Partybesucher den Weg zur Toilette freikämpfte. Die Musik, die Stimmen, die Geräusche um ihn herum verschmolzen zu einem einzigen undefinierbaren Dröhnen. Endlich erreichte er die Tür zum Bad, die er hinter sich verschloss, und atmete einen Moment an sie gelehnt durch.

Eine unerträgliche Hitze, dachte Martin und stellte fest, dass sich alles um ihn herum drehte. *Eine Erfrischung – das wird Abhilfe bringen.*

Er stolperte zum Waschbecken, drehte das kalte Wasser auf und schlug es mit beiden Händen in sein Gesicht. Ausgelöst vom Wasser oder der ihn quälenden Hitze, verspürte Martin plötzlich einen starken Brechreiz und sprang gerade noch rechtzeitig zum neben ihm stehenden WC.

„Zehn, neun, acht." Eine Mischung aus Alkohol und Magensäure unterbrach den Sprechchor jenseits der Tür. „Fünf, vier ..." Wieder ergoss sich ein warmer Schwall in die Toilette. „Eins, null, juhu", hörte er die Menge draußen jubeln und anstoßen, während er mit seinem Kopf in der Toilette hängend würgte.

Ein Glück, dass mich jetzt niemand vermissen wird, dachte er und beförderte das letzte bisschen Mageninhalt aus seinem Körper hinaus, wusch sich sein Gesicht und ging zurück.

„Wo warst du so lange, wir haben dich schon vermisst", sagte Svenja, als Martin sich neben sie auf die Couch fallen ließ.

„Wir dachten schon, es wäre was passiert", ergänzte Jasmin.

„Hat bestimmt Bekanntschaft mit dem Klo gemacht, blass wie er ist", scherzte Dennis und einige andere Gäste begannen zu lachen.
Da war es wieder, dieses Lachen. Martin musste handeln, jetzt, sofort. „Nein, man. Ich war Kippen holen."

„Kippen holen, sicher." Dennis lachte erneut.

„Klar, was denn sonst, guck doch." Martin zückte die seit dem Nachmittag ungeöffnete Zigarettenschachtel aus seiner Hemdtasche. „Herzlichen Glückwunsch übrigens." Er hob das vor ihm stehende Schnapsglas und leerte es demonstrativ.

„Danke."

Er hatte es geschafft, es war ihm gelungen, Zweifel bereits im Keim zu ersticken. Auch wenn sein Magen, sobald der Schnaps seinen Mund erreichte, erneut zu rebellieren begann, er hatte es geschafft.

16

Die zweite Hälfte der Ferien verging für Martin wie im Flug. Wie zuvor traf er sich beinahe täglich mit den Mädchen, nur dass jetzt die Wochenenden der Clique gehörten. Gemeinsam trafen sie sich bei Dennis im Partykeller, tranken, rauchten und spielten Flaschendrehen bis zum Tagesanbruch und darüber hinaus, um am nächsten Tag ihr Saufgelage fortzusetzen.

In der Clique kam Martin erstaunlich gut an und fand recht schnell seine Rolle des Besorgers, des ‚Checkers', des Handlangers. Dass ausgerechnet er den Absinth zur Party mitbrachte, sprach sich mit Bastis Hilfe schnell herum. Und als Dennis ihn darauf ansprach, er aber keinen neuen besorgen konnte, glänzte er mit seiner Musik und Botengängen zum Kiosk, bei denen er den minderjährigen Teil seiner neuen Freunde mit Zigaretten und Bier versorgte.

So oder so, Martin war zum Bestandteil der Clique geworden und liebte dieses Leben – sein neues Leben – so sehr, dass er es unter keinen Umständen mehr missen wollte. Umso schwerer traf ihn das für ihn abrupte Ende der Sommerferien, da die Zeit, die er mit der Clique verbringen konnte, enorm sank.

Britta mischte sich immer häufiger ein und versuchte in Erfahrung zu bringen, wo Martin neuerdings seine ganze Zeit verbrachte.

„Bei Freunden" war die einzige Antwort, die sie bekam, egal wie oft sie fragte.

***

Schwerfällig schleppte Martin sich am ersten Schultag zur Schule. Die letzten Ferientage hatten nicht nur in seiner Geldbörse Spuren hinterlassen. Übermüdet und ohne jegliche Motivation, schwang er sich vor den Toren der Schule von seinem Fahrrad und schob es zum überdachten Fahrradstellplatz. Auf sich und sein Fahrrad konzentriert, fiel es Martin nicht auf, wie die Blicke seiner Mitschüler ihn suchten. Gespannt, verwundert, staunend betrachteten sie den neuen Martin. Den, der am letzten Schultag Tarek eine Gehirnerschütterung verpasste; den, der völlig desinteressiert, fast schon cool an ihnen vorbeizog, ohne sich um ihre Tuscheleien zu scheren. Durch das viele Feiern war er schmaler geworden. Nicht unbedingt schlank, aber schmaler – und er hatte an Ausstrahlung gewonnen. Natürlich war er noch derselbe wie sechs Wochen zuvor, irgendwas schien jedoch anders. Seine sonst aufgesetzte Gleichgültigkeit wirkte echt und er viel sicherer als sonst.

„Martin, altes Haus." Markus legte die Hand auf Martins Schulter. „Und wie waren die Ferien?"

Dieser drehte sich um. „Kann nicht klagen."

„Kann nicht klagen? Ist das alles?" Markus klang ironischer als beabsichtigt.

„Genau."

Vor dem Klassenraum angekommen, hörte Martin eine ihm bekannte Stimme.

„Gib sie mir wieder, sonst …", sagte Tobi mehr flehend als drohend und streckte die Hand nach seiner Brille aus.

„Sonst was?" Tarek vernahm ein Klopfen auf seiner Schulter und drehte sich langsam um.

„Sonst nehme ich sie mir", antwortete Martin trocken.

17

Mittlerweile war es Herbst geworden und Martins Geburtstag nahte. Fünfzehn Jahre alt würde er, ein schönes Alter eigentlich und genau das war es – eigentlich. Hätte er nur nicht die Clique glauben lassen, er sei älter. Seit Tagen dachte Martin darüber nach, wie er das Missverständnis aufklären, beseitigen könnte, ohne sein Gesicht und seinen Status in der Clique zu verlieren. In Wirklichkeit waren es Svenja und Jasmin, die ihn dazu brachten zu lügen. Und selbst das war nicht ganz richtig, schließlich hatte er im Bezug auf sein Alter überhaupt nicht gelogen. Die Mädchen nahmen an, er sei älter, und er widersprach ihnen nicht. Nicht mehr und nicht weniger. Und dann? Er war gezwungen weiter zu machen, ihren Glauben aufrechtzuerhalten, wie hätte das sonst gewirkt? Abwarten. Abwarten, bis sie ihn richtig kennen. Kennen und mögen – ja, das war es. Er musste einfach noch abwarten ehe er mit der Wahrheit rausrücken durfte, dann würde es schon gehen, schließlich waren die Mädchen auch erst fünfzehn und fester Bestandteil der Clique.

„Martin? Martin, Tobi ist da."

Martins Zimmertür öffnete sich und Tobi betrat den Raum. Obwohl Martin nur wenig Zeit für ihn hatte, war die Freundschaft der beiden wieder aufgelebt und Martins harte Worte vor den Sommerferien vergessen.

Martin nickte zur Begrüßung.

„Na, was geht?"

„Nicht viel."

Tobi setzte sich neben Martin aufs Bett und blickte genauso wie sein Freund zur gegenüberliegenden Wand. „Und schon 'ne Idee wegen deinem Geburtstag?"

Martin zuckte mit den Schultern.

„Wolltest du feiern?"

„Ach, ich weiß nicht", druckste Martin rum. „Ich würde gerne, aber hier?" Er sah zu Tobi und verzog sein Gesicht.

„Frag doch deine neuen Freunde, ob du in den Partykeller darfst."

„In den Partykeller?"

„Warum nicht? Und wenn jeder etwas zu trinken mitbringt, wird es bestimmt lustig. Immerhin wirst du fünfzehn!"

Martins Gesichtsausdruck verriet, dass ihm Tobis Idee gefiel, doch da war es wieder, sein Alter. „Mal schauen", murmelte er gedankenversunken und wandte sich wieder ab.

Der Gedanke an eine Geburtstagsparty ließ Martin nicht los. Mit Sicherheit würde eine Party seine Beliebtheit innerhalb der Clique steigern und Tobi, der natürlich nicht fehlen durfte, würde endlich mit den eigenen Augen sehen wie sich Martin innerhalb der Gruppe, seiner neuen Freunde, etabliert hat. Tobi hatte Recht: Eine Bottleparty, bei der jeder etwas mitbringen würde, war die Idee. Entschlossen machte er sich am Nachmittag zu Dennis' Haus. Am Abend wollten sie gemütlich beisammensitzen, trinken und Musik hören. Jetzt wollte Martin mit Dennis alleine sprechen. Nervös klingelte er an der Tür und legte sich das, was er sagen wollte, im Kopf zurecht, als Dennis' Vater in Jogginghose und weißem Unterhemd die Tür öffnete. In seiner rechten Hand ein Bier und zwischen den Zähnen eine Selbstgedrehte beäugte der freundlich wirkende Mann Martin von oben bis unten und winkte ihn hinein.

„Du willst bestimmt zu Dennis, was?"

Martin nickte und trat ins Haus.

„Kannst hoch, er ist in seinem Zimmer", sagte Olaf und pustete den Rauch in Martins Richtung. Mit seiner Hand deutete er auf die Treppe. Martin nickte verwundert über den süßlichen Duft des Rauchs und ging die Treppe hinauf. *Einen Vater wie ihn hätte wohl jeder gern,* dachte er sich über Olafs Gleichgültigkeit schmunzelnd. *Kiffend die Tür zu öffnen, ist ein starkes Stück. Immerhin besser als so schwer beschäftigt, wie es sein eigener Vater war.*

„Was willst du hier?" Dennis klang nicht gerade begeistert, als Martin nach einem kurzen Klopfen sein Zimmer betrat.

„Hi, ich wollte dich was fragen."

„Und dafür kommst du zwei Stunden früher?" Dennis war sichtlich genervt und ließ es Martin deutlich spüren. Klar hatte er das Okay gegeben, ihn in die Clique aufzunehmen, aber Martin war einfach, und zwar nicht nur in der Rangordnung der Clique, eine Stufe unter ihm, nicht sein Kaliber eben.
Martin zuckte mit den Schultern.

„Und was wolltest du mich fragen?"

„Ich wollte fragen, ob ich hier mal 'ne Party schmeißen kann." Martins Blick wanderte durch das Zimmer und blieb beim überfüllten Papierkorb stehen. „Selbstverständlich würde ich danach alles aufräumen."

„Eine Party?"

„Eine Geburtstagsparty. Das wäre echt cool, bei mir geht's leider nicht."

„Und was hab ich damit am Hut?", unterbrach Dennis ihn schroff.

„Ich dachte, wenn ich eh mit der Clique feiern will, kann ich das auch hier. Wenn du keine Lust auf fremde Leute im Haus hast, kann ich's voll verstehen, ich würde nur meinen besten Freund einladen." Er versuchte Dennis zu besänftigen.

„Deinen besten Freund? Dass du überhaupt andere Freunde hast." Dennis hob die Augenbraue und lachte. „Spaß, Spaß." Er boxte Martin auf die Schulter und dieser quälte ein schmerzverzerrtes Lächeln hervor.

„Komm mit." Zügig lief Dennis die Treppen in den Keller hinab. „Wenn du schon mal hier bist, kannst du mit anfassen." Er deutete auf die neben dem kleinen Kühlschrank stehenden Getränkekisten. „Wie hast du es dir vorgestellt?"

„Die Party? Ich dachte, jeder bringt was mit und wir chillen hier ein bisschen, nichts Großes." Martin ließ das Gefühl nicht los, dass Dennis ihn zappeln lassen wollte. Ob er ihn als Konkurrenten sah?

„Hm, klingt soweit nicht verkehrt. Weißt du was? Wir fragen einfach die anderen." Siegessicher lächelte Martin, während er vor dem Kühlschrank hockend die vollen Flaschen einräumte.

Als die ersten Gäste eintrudelten und auf dem großen Ecksofa Platz nahmen, dachte Martin nicht mehr an die Unterhaltung mit Dennis. Während er in der Ecke des Sofas sitzend sein Bier trank, malte er sich aus wie schön sein Geburtstag würde.

Bingbingbing. Unterbrach Dennis Martins Träumereien, indem er mit seinem Feuerzeug gegen den Hals der grünen Bierflasche schlug.

„Ich darf um eure Aufmerksamkeit bitten", räusperte er sich und fuhr fort. „Unser lieber Martin hat bald Geburtstag und hatte die Idee geäußert, hier mit uns feiern zu wollen." Martin blickte erschrocken zu Dennis, seine Ansprache klang so förmlich, so spottend. Die Blicke der Anderen brannten sich in ihn ein. Die Stille wurde unerträglicher, drohte ihn zu erdrücken. „Ob ich ihm das erlauben soll?" Dennis beendete die künstliche Pause und verdrehte die Augen.

Martins Alarmglocken schrillten, irgendwas war da falsch gelaufen, gehörig falsch. In seiner Vorstellung sollte Dennis die Freunde mit seiner Frage auf die kommende Party einstimmen, anstatt ihn zu verspotten, aber jetzt war genau das der Fall. Unsicher blickten alle zu Martin in Erwartung einer Antwort, die nicht lange auf sich warten ließ.

„Ich könnte in der Disco feiern, dann kommt die Hälfte von euch nicht rein", fauchte Martin und blickte herablassend zu den noch minderjährigen Mitgliedern der Clique. „Aber wenn ihr keine Lust habt, ist das okay, ich will euch ja nicht zwingen." Lässig nippte er an seinem Bier, diesmal die Aufmerksamkeit genießend.

„In der Disco? Ich denke du bist sechzehn?" Einen Moment lang herrschte absolute Stille.

„Du denkst? Hast du mich denn jemals gefragt?" Martin richtete sich auf. „Wusste nicht, dass ich jedem ungefragt mein Alter auf die Nase binden muss." Seine Stimme klang gereizt. Ein aggressiver Ton, der nicht nur Dennis zu Denken gab. „Außerdem war es nur eine Frage. Wer nicht will, der hat schon."
Die Entwicklung dieser harmlosen Stichelei missfiel Dennis. Die bis dahin ausgelassene Stimmung drohte

zu kippen. Er sah sich gezwungen zu handeln und lenkte wider Willen ein.

„Ach komm, das war Spaß, natürlich darfst du hier feiern." Die konzentrierten Mienen der anderen entspannten sich allmählich und Martin wirkte sichtlich erleichtert. Mit einem kurzen Nicken erklärte er sich einverstanden und prostete Dennis zu, innerlich jedoch, drohte er vor Freude zu zerplatzen. Endlich hatte er einen Ort für seine Party und dabei Dennis vor der Clique in die Knie gezwungen.

Als Martin im Morgengrauen in seinem Bett lag, ließ er das Gespräch in seinen Gedanken Revue passieren. Was zum Teufel hatte ihn geritten, so weit zu gehen. Diesmal hatte er nicht nur geschwiegen, die Wahrheit verschwiegen, diesmal hatte er selbst zur Lüge gegriffen, sich drei Jahre älter gemacht. Martins Magen krampfte zusammen und ein unkontrollierter Gedankenstrom durchflutete seinen Kopf. Wie sollte er die Tatsache, dass er erst vierzehn war erklären oder seine Lügen rechtfertigen? Mit beiden Händen zog er sich die Bettdecke über den Kopf und seufzte verzweifelt. Andererseits – Martin schlug die Decke ruckartig zurück – war es überhaupt nicht seine Schuld, nicht mal seine Absicht. Dennis drang ihn in die Ecke, ließ ihm keine andere Wahl, zwang ihn praktisch dazu seine Geschichte plausibler zu gestalten. Hätte er die Wahrheit über sein Alter, Britta und sein zwölf Quadratmeter großes Kinderzimmer erzählen sollen? Wohl kaum! Unter dem schonungslosen Knarzen des Lattenrostes, drehte Martin sich zur Wand und schlief ein.

18

Obwohl die Party ein voller Erfolg war, ließ ihn der Gedanke an seine erdachte Volljährigkeit nicht los. Achtzehn, das war leicht dahingesagt, doch wie sollte er das Gesagte untermauern? Schließlich gab es viele Privilegien, die einem erst mit Erreichen der Volljährigkeit zuteil wurden.

Alkohol und Zigaretten bekam er bereits vorher problemlos, ein eigenes Konto war in der Clique nichts Besonderes und mit einem Führerschein konnte er, ganz egal, was er sich ausdachte, nicht dienen. Mit den Händen im Nacken, starrte er an die Decke, als er ein leises Brummen vernahm. Ein Blick auf das hellerleuchtete Display seines Handys verriet ihm den Namen des Störenfrieds. Svenja.

„Ja."

„Na, wie geht's?"

„Kann nicht klagen und selbst?"

„Gut, gut. Was machst du? Willst du nachher mit ins Return?" Svenjas Stimme klang so aufgeregt, dass sie sogar Martin in leichte Aufregung versetzte.

„Ins Return? Wie wollt ihr da reinkommen? Oder seid ihr über Nacht achtzehn geworden?"

„Blödmann." Svenja lachte. „Die Türsteher nehmen's wohl nicht so genau, da wollten wir unser Glück versuchen."

Martins Gedanken rasten ähnlich seinem Puls und ein Kloß, als ob er die nächste Lüge verhindern wollte, bildete sich in seinem Hals. „Weißt du, ehrlich gesagt bin ich ganz schön mü..."„Na komm schon – bitte, bitte, bitte – ohne dich wird es nur halb so lustig." Ein Schweigen an beiden Enden der Leitung breitete sich aus. „Bist du noch dran?"

„Ähm, ja." Nervös lief Martin in seinem Zimmer auf und ab. „Ein, zwei Stündchen werden mich nicht umbringen."

„Super, freut mich, wir sehen uns nachher. Zehn Uhr am Bahnhof, ciao."

„Ciao", entgegnete Martin.

Um Punkt zehn Uhr stand er vor dem Bahnhof, in dem sich die Diskothek befand, und wartete nervös auf die Mädchen. Eine blaue Glaskuppel zierte den kleinen Bahnhof und befand sich direkt über der Diskothek. Grelle Lichtstrahlen leuchteten durch sie hindurch und malten bizarre Muster in den schwarzen Nachthimmel, fröstelnd wippte Martin von einem Fuß auf den anderen, suchte mit seinen Augen den Bahnhofsvorplatz nach Svenja und Jasmin ab und blickte ungeduldig auf die Zeitanzeige seines Handys.

Martin sah immer mehr junge Feierlustige in den Bahnhof strömen, was seine Nervosität zusätzlich steigerte. *Als Mädchen hat man es einfach. Schminke, knappe Kleidung und schon erübrigte sich die Frage nach dem Alter – doch als Kerl ...*

Martin schnaubte, während er sein Spiegelbild in der reflektierenden Glasfront des Bahnhofs betrachtete. Seine Gelfrisur und der hochgestellte Kragen seines Hemdes machten zwar was her, ihn aber nicht unbedingt älter, und der oberste Knopf, den Martin offen ließ, verlieh ihm zwar einen lässigen Touch, mehr aber auch nicht. Die Tatsache, dass Martins Bartwuchs kaum bis gar nicht ausgeprägt war, machte die Sache nicht gerade einfacher. Frustriert suchte Martin in Gedanken nach der Lösung für sein Problem.

„Maaartin." Er hörte Svenja hinter sich kreischen und bemerkte wie, sich ihre Arme um ihn schlangen.

„Da seid ihr ja endlich." Erbost über die Verspätung sah er sie finster an.

„Mh, du riechst gut, los lass uns rein." Svenja hüpfte vor ihm herum und ließ ihn erahnen, dass sie nicht mehr ganz nüchtern war. Und während sie zusammen mit Jasmin festen Schrittes vorausging, hielt sich Martin im Hintergrund.

Sobald sie den Bahnhof betraten, hörten sie die laute Musik aus der Disco, welche im Obergeschoss des Bahnhofs lag, hallen. Voller Freude tänzelten die Mädchen die Treppe hinauf, ohne zu bemerken, dass Martin mit jeder Stufe langsamer wurde. Sein Herzschlag passte sich dem schnellen Beat des zu Liedes an und ein nasser Schweißfilm legte sich trotz aller Kälte über seine Hände und Stirn.

„Komm in die Mitte." Oben angekommen, hakten sich die Mädchen bei ihm ein, bevor sie ihren Weg zur Disco fortsetzten.

Die schwarze Metalltür stand offen und laute Musik drang aus ihr heraus. *Keine Türsteher,* bemerkte Martin sofort und die Hoffnung, dass einem feucht-fröhlichen Discoabend nichts im Wege stünde, keimte in ihm auf. Mit großen Schritten näherten sie sich ihrem Ziel und blickten neugierig in den schwarzen Eingangsbereich der Diskothek.

„Ausweise bitte." Die raue Stimme verhallte zwischen den Bässen des nächsten Songs und die Jugendlichen traten hinein. „Ich sagte, Ausweise bitte." Wie aus dem Nichts bäumte sich ein in schwarz gekleideter Riese vor ihnen auf, und während die Mädchen einige verdutzte Blicke austauschten und in ihren Handtaschen zu kramen begannen, blieb Martin regungslos stehen. Da beide noch nicht sechzehn waren, wusste Martin, dass die Suche nach dem Ausweis nur gespielt war. Also tat er, als würde ihn die Aufforderung des Türstehers nicht betreffen und bemühte sich gar nicht erst, nach einem nicht vorhandenen Ausweis zu suchen.

„Der muss hier irgendwo sein", fluchte Jasmin in ihrer Tasche kramend, während Svenja die Suche langsam einstellte. „Ich fürchte, wir haben die zu Hause liegen lassen." Sie klimperte kokett mit den

Wimpern, in der Hoffnung, ohne Ausweis passieren zu können.

„Tut mir leid Mädels, ohne Ausweis keine Party."

„Wir sind schon achtzehn, wirklich", flehten die Mädchen, während ein kleiner, dunkelhaariger Typ wortlos an ihnen vorbeizog und den Türsteher mit einem reservierten Nicken begrüßte.

„Von wegen, ohne Ausweis keine Party."

„Das ist was anderes, Kleine. Das ist ein Fotoscout, da weiß ich von vornherein, dass er volljährig ist, den muss ich nicht fragen. Und nun macht bitte den Eingangsbereich frei."

Resigniert und sichtlich geknickt traten sie den Rückweg an.

„So 'ne Scheiße", platzte es aus Jasmin, als sie im Erdgeschoss des Bahnhofs ankamen.

„Ja man, voll kacke! Und ich habe mich voll gefreut." Ihre Freundin stimmte ihr zu.

„Nehmt es nicht so übel, zwei Jahre, dann dürft ihr auch." Martin versuchte die Mädchen zu trösten. „Wenn ihr wollt, können wir zu mir, wenn wir schon in der Nähe sind."

Ein Moment peinlichen Schweigens legte sich über die drei Teenager und ließ die Minustemperaturen noch eisiger erscheinen.

„Das ist lieb, aber lass mal, mir ist die Laune vergangen. Nächstes Mal vielleicht", meldete sich Jasmin zu Wort. Sie ließ die Abweisung des Türstehers nicht los. „Und dieser Spruch mit dem Fotoscout."

Gemeinsam begaben sie sich zu der nahegelegenen Bushaltestelle.

„Fotoscout müsste man sein", scherzte Svenja.

„Aber ehrlich, wobei wir selbst dafür achtzehn sein müssten."

Fotoscout müsste man sein, das ist es. Wieso bin ich da nicht früher drauf gekommen? Martin verdrehte die Augen. *Was sollte mehr Beweis für meine Volljährigkeit sein als die Tatsache, dass ich in jede Disco rein- und rausmarschieren kann wie es mir beliebt. Das ist der Plan!* Und da war es wieder, dieses siegessichere Lächeln.

„Sorry nochmal."

„Bis morgen", hörte er die Mädchen rufen, als sie in ihren Bus stiegen.

Zu Hause angekommen, setzte sich Martin unverzüglich an den PC und begann mit seiner Recherche. Fotoscout werden, das war sein Ziel, und dabei durfte er nichts dem Zufall überlassen, zumindest nicht, wenn er sein Vorhaben erfolgreich in die Tat umsetzten wollte. Die Informationsflut die das Internet bot, erschlug Martin förmlich, dennoch gelang es ihm, sich in die Materie einzufinden und binnen weniger Stunden einen Schlachtplan zu erstellen.

In der Tat war die Volljährigkeit Voraussetzung für die Ausübung des Scoutjobs, doch er hatte schon eine Idee wie er diese Hürde meistern könnte. Da es

Scoutseiten wie Sand am Meer gab, musste Martin sich bei seiner Bewerbung mit Bedacht entscheiden. Gezielt suchte er die laut Internet beliebtesten und in den Discos am häufigsten vertretenen Communities aus. Seine Wahl fiel auf drei mehr oder minder lokale Adressen, die neben der Partyfotografie eine eigene Internetcommunity (die Anfänge der sozialen Netzwerke) betrieben. Den Rest der Nacht verbrachte Martin damit, sich auf den auserwählten Seiten anzumelden, bis ihm die Müdigkeit schließlich keine Wahl mehr ließ. Mit einem Knopfdruck machte er den Monitor aus und schob sich mit Hilfe seines Drehstuhls zu seinem Bett. Mit den Füßen streifte er seine noch zugebundenen Turnschuhe ab, die er neben dem Stuhl liegen ließ, und auch seine Hose, sowie seine Socken fanden sich auf dem Boden wieder. Mit T-Shirt und Boxershorts bekleidet, legte Martin sich ins Bett, wo er solange über seinen Plan nachdachte, bis er einige Minuten später einschlief.

19

Frische Luft strömte in seine Nase und ein kühler Windzug zwang ihn noch tiefer unter seine Decke. Widerwillig öffnete Martin seine schweren Lider und blickte hinter sich. Die Vorhänge waren ebenso wie das Fenster geöffnet. Auf seinen Ellenbogen gestützt, betrachtete er sein lichtdurchflutetes Zimmer. Sein Drehstuhl stand gegenüber vom PC, auf dem Couchtisch vor ihm sah er ein sauberes Glas neben einer Limo stehen und von seinen Schuhen, Socken und seiner Jeans gab es keine Spur.

Mit einem Seufzer fiel Martin zurück ins Kissen.

„Martin? Martin bist du wach?"

Mit seiner Hand verdeckte er Stirn und Augen und hoffte, er habe sich verhört. Er stieß einen tiefen Atemzug aus, als ihm klar wurde, dass seine Hoffnung unerfüllt bleiben würde.

„Martin?" Seine Zimmertür öffnete sich. „Soll ich dir Frühstück machen?"

„Wie spät ist es?"

„Fast zehn Uhr", sprach Britta nach einem kurzen Blick auf ihre silberne Armbanduhr. „Du solltest langsam aufstehen."

„Willst du mich verarschen? Raus hier." Knurrend drehte er Britta den Rücken zu und beendete das Gespräch.

„Was möchtest du auf dein Toast?", fragte sie indes unbeirrt.

„Raus!"

Leise hörte er das Türschloss einrasten und atmete tief durch. Drei Stunden Schlaf gespickt mit seltsamen Träumen waren wahrlich nicht genug, vor allem nicht für einen solchen Start in den Tag. Martin schloss die Augen und versuchte zu schlafen.

Kschhh, hörte er das unverwechselbare Geräusch des Raumsprays, das zwar natürliche Frische versprach, aber alles andere als natürlich roch. Kschhh, kschhh.

Langsam drang der Duft, der chemischen Meeresbrise vom Flur in sein Zimmer und verdrängte sogar die kalte Morgenluft, die sich nun eindeutig als das kleinere Übel erwies.

Das hält doch kein Mensch aus! Hustend richtete Martin sich auf und griff nach der Limoflasche, aus der er einen ordentlichen Schluck nahm. Neben dem Fußende seines Bettes entdeckte er seine Schuhe, die er nun mit verzogener Mine betrachtete.

„Die hab ich dir dahin gestellt." Britta stand mitten im Raum und sprühte ohne Vorwarnung los. „Und deine Hose habe ich vorhin gewaschen."

In der Tat bemerkte Martin, dass sich der Inhalt seiner Hosentaschen, nicht zuletzt eine Zigarettenschachtel, nun auf seinem Schreibtisch befand.

„Die Sachen habe ich dir auf den Tisch gelegt." Britta blickte verunsichert zu Boden. „Woher hast du die Zigaretten?"

Erwischt, dachte Martin und Panik keimte in ihm auf. Starr blickte er zu Britta, während es in seinem Kopf ratterte. Angriff oder Rückzug, Mucken oder Kuschen – in Sekundenbruchteilen jagten Martin unzählige Gedanken durch den Kopf, bis er sich endlich aus seiner Schockstarre löste.

„Woher soll ich sie schon haben?" Mit wenigen Schritten erreichte er den Schreibtisch und griff nach der weiß-roten Schachtel. „Natürlich gekauft." Betont cool nahm er eine Zigarette und steckte sie sich an.

Fassungslos betrachtete Britta ihren Sprössling.

„Spinnst du?"

„Was?" Martin zuckte mit den Schultern. „Ich bin wohl alt genug."

„Martin, das geht nicht, du kannst doch nicht rauchen." Britta versuchte streng zu klingen – doch ohne Erfolg.

„Kannst mich ja versuchen abzuhalten." Martin lachte. „Ach übrigens, Leberwurst."

Britta blickte ihn fragend an.

„Du wolltest Toast machen. Ich will Leberwurst." Martin nahm einen kräftigen Zug und pustete den blauen Dunst in Richtung seiner Mutter. „Worauf wartest du noch, hopp, hopp." Mit wedelnden Handbewegungen scheuchte er sie Richtung Flur und kam währenddessen auf sie zu. „Ich würde gerne meine Tür schließen."

Sobald sie den Raum verließ, setzte Martin sich an seinen Schreibtisch. Mit einem Schwung leerte er seinen Stiftbecher auf der Schreibtischplatte aus und schnipste die Asche hinein. Ein Knopfdruck und der Monitor des laufenden Computers erleuchtete. Heute Nacht hatte er den Grundstein für seinen Job als Fotoscout gelegt, jetzt gab es viel zu tun. Martin öffnete seine frisch eingerichteten Profile und begann sie zu vervollständigen.

Augenfarbe: braun

Haarfarbe: braun

Größe: 1,82 m (in der Tat war Martin in den letzten Wochen gewachsen)

Gewicht: –

Martin atmete schwer ein und aus und widmete sich lieber den angenehmeren Fragen

Hobbys: Fotografieren und Auflegen

Beruf:

Erst wollte er wie gewohnt ‚Schüler' eintragen, entschied sich aber für seinen Traumberuf direkt nach dem Auflegen.

Beruf: Rettungsassistent

Sternzeichen: Skorpion

Lieblingsfarbe: blau

Zufrieden blickte Martin seine vervollständigte Profilseite an. Martin (18), Rettungsassistent. *Das konnte sich sehen lassen,* dachte er und kontrollierte die Angaben ein letztes Mal. Jetzt hieß es warten. Martin legte sich in die Lehne seines Drehstuhls und verschränkte seine Arme. Während er seine Daten ausfüllte, war ihm nicht aufgefallen, dass seine Zigarette bis auf den Filter verglüht war, genüsslich zündete er die nächste an. Zwei Wochen musste er warten, bis er sich als Fotoscout bewerben konnte – so schrieben es die Communities bei neuen Mitgliedern vor – und im neuen Jahr konnte er durchstarten. Neues Jahr, neues Glück. Diesmal würde es endlich klappen. Martin nahm einen tiefen Zug, lächelte selbstgefällig und aschte erneut in den Becher.

„Deine Brote", hörte er Britta hinter sich und schreckte auf. Obwohl es für ihn ungewohnt war, so offensichtlich vor ihr zu rauchen, schien es ihm zu gefallen. Endlich war es ihm gelungen, sie in ihre Schranken zu weisen, sich durchzusetzen, sich zu behaupten.

„Du bist verrückt." Sie stellte den Teller mit den Broten auf den Couchtisch und eilte aus dem Raum. „Du kannst doch nicht irgendwo hin aschen", rief sie aus der Küche, die direkte Konfrontation vermeidend. „Wozu haben wir denn Aschenbecher?"

Wortlos stellte sie einen auf Martins Schreibtisch und verließ kopfschüttelnd den Raum, während Martin weiterhin voller Stolz seine Profilseite auf dem Monitor betrachtete.

„Martin Seitling, achtzehn Jahre alt, 1986 geboren",
murmelte er leise und zwinkerte lächelnd ins Leere.

20

Es war der zweite Weihnachtstag, als Martin sich frei
von jeder Motivation an seinen Computer begab.
Weihnachten war fast vorüber, alle Geschenke verteilt
und Martin seiner Verwandten langsam überdrüssig
geworden. Zwei Absagen hatte er bereits erhalten, so-
wohl partycom als auch nightchics bedankten sich
fast wortgleich bei ihm für seine Mühe, teilten ihm
aber gleichzeitig mit, dass sie derzeit keinen Nach-
wuchs suchten. Mit dem Schlimmsten rechnend, öffnete Martin sein E-Mailprogramm und tatsächlich,
zwischen Werbung und Newslettern stach eine E-
Mail heraus.

RE: Bewerbung als Fotoscout, lautete ihr Betreff
über den Martin mehrmals hektisch mit dem Mauszeiger fuhr, ehe er sich dazu entschloss. die Nachricht
zu öffnen. Diese E-Mail war seine letzte Hoffnung,
und während sie geladen wurde, kniff Martin die Augen zu. *Vermutlich ist es wieder eine Absage,* dachte er
und öffnete die Augen, um sich dem Inhalt der Mail
zu stellen.

Hallo Martin,

zunächst möchte ich mich bei dir für dein Interesse an unserer Community bedanken. Wie du sicher weißt, gibt es einige Fotoscouts von partypic in deiner Nähe, deshalb freue ich mich umso mehr dich an Board unseres Teams zu begrüßen. Sende mir bitte deine persönlichen Daten, damit ich einen Scoutausweis für dich anfertigen kann. Außerdem brauche ich deine Adresse, damit ich dir ein Paket mit Flyern, Visitenkarten sowie Schlüsselbändern senden kann. Ein Kollege wird dir in den nächsten Tagen dein Arbeitswerkzeug, die Kamera und ein partypic-Shirt vorbeibringen, wegen eines genauen Termins werde ich mich bei dir melden.

Freundliche Grüße Sascha

***

Deshalb freue ich mich umso mehr, dich an Board unseres Teams zu begrüßen, las Martin den Satz erneut. *An Board unseres Teams.* Es hatte tatsächlich geklappt. Martin ballte seine Fäuste und stieß einen Freudenschrei aus. Mit einem Schwung erhob er sich und begab sich an sein Mischpult, die Musik bis zum Anschlag aufgedreht, begann er vor Freude zu tanzen.

***

„Hi, ich bin Ricky." Stellte sich der kleingewachsene Typ vor Martins Tür vor.

„Komm rein."

„Du bist also der Neue?"

Martin nickte ehrfürchtig, als er Ricky in sein Zimmer führte.

„Setz dich ruhig." Martin deutete auf das Bett und nahm im Drehstuhl Platz. Das war also sein Kollege, der Typ von neulich – na immerhin schien er jetzt sympathischer, als am Abend vor der Disco.

„Das hier ist deine Kamera." Er legte eine schwarze Tasche auf den kleinen Tisch vor sich. „Ersatzakkus, Aufsteckblitz sowie zwei Objektive sind inklusive. Wenn du willst, kann ich dir ein paar Tipps zu den Einstellungen geben oder wir gehen zusammen los."

Martin nickte.

„Hast du auch einen Namen." Ricky lachte beim Anblick seines staunenden Gegenübers.

„Klar, sorry. Martin, ich heiße Martin." Er stand auf und reichte Ricky die Hand. „Zusammen losziehen klingt gut, da kann ich mir bestimmt noch 'ne Menge bei dir abgucken." Er schmeichelte Ricky, um sich seine Sympathien zu sichern.

„Freitag?"

Wieder nickte Martin wortlos.

„Na gut, ich muss dann auch." Ricky erhob sich. „Letzte Besorgungen für die Silvesterparty machen, du kennst das sicher."

„Bis Freitag."

Genau genommen kannte er es nicht, da alles wie jedes Jahr von Britta erledigt wurde. Party konnte man das gemütliche Beisammensitzen mit Mutter, Großeltern und Tobi nicht nennen, doch darüber dachte Martin nicht lange nach, als er die Tür hinter Ricky schloss. Er hatte es geschafft, er hatte es wirklich geschafft. Nun hatte er freien Zutritt zu Diskotheken und für die Clique endlich einen Beweis für seine Volljährigkeit. Voller Stolz machte er sich neugierig über die Kamera her.

21

„Wieso bist du nicht in der Schule?", fragte Britta besorgt, als Martin am Freitagvormittag in T-Shirt und Boxershorts die Küche betrat.

„In einer Woche ist meine Abschlussfeier. Denkst du, da geh ich noch zur Schule?"

„Na du hast wieder eine Laune." Britta bemühte sich die Stimmung aufzulockern.

„Kannst du mir dreißig Euro geben?" Wortlos nahm er eine Zigarette aus Brittas Schachtel und zündete sie an.

„Wofür brauchst du das Geld?", fragte sie verwundert.

„Ich wollte mit Ricky nach Hannover. Fußball-WM im eigenen Land – das darf man nicht verpassen."

„Und was wollt ihr in Hannover?"

„Fotos machen was sonst? Was glaubst du, was beim Public Viewing los sein wird?"

„Ich denke, ihr bekommt das Geld von dieser Seite, wenn ihr zum Fotografieren irgendwohin müsst?", fragte Britta, während sie die graue Arbeitsfläche ihrer Küche trockenwischte. „Ich kann dir nicht ständig so viel Geld geben."

„Du sollst es nur vorstrecken, ich kann ja schlecht schwarz fahren."

„Du sagst das so einfach. Aus den Rippen schneiden kann ich mir das nicht." Sie seufzte und legte den Lappen zur Seite.

Mit lautem Zischen erlosch Martins Zigarette im mit Wasser gefüllten Aschenbecher. „Ich kann gerne Michael fragen."

Britta zuckte zusammen.

In letzter Zeit endete der Kontakt zu Martins Vater immerzu im Streit. Mittlerweile war sogar das Jugendamt eingeschaltet worden, nachdem Martin bei einer polizeilichen Kontrolle, mit sechzehn Jahren betrunken in einer Diskothek aufgegriffen wurde. Gegenseitige Schuldzuweisungen gipfelten nach kürzester Zeit in ohrenbetäubendem Geschrei, das der harmonieliebenden Britta besonders zusetzte, Martin hingegen schien diese Situation nichts auszumachen, manchmal hatte es sogar den Anschein, als würde er sie genießen, sich am Streit seiner Eltern erfreuen. Sich an ihren Zerwürfnissen nähren, an jedem ihrer Konflikte wachsen.

„Nein, schon gut. Ich gehe mittags zur Bank", wisperte Britta und widmete sich erneut der Politur der Arbeitsfläche. Zufrieden verließ Martin die Küche. *Witzig, wie einfach das ging,* dachte er und widmete sich seinem Styling.

Nachdem er eine Stunde damit verbrachte, seine Haare in die richtige Form zu bringen, und angezogen war, begann er seine Kameratasche zu packen. Kamera, Ersatzakkus, Weitwinkelobjektiv, für alle Fälle einen Blitz, ein paar Schlüsselbänder, Flyer und Visitenkarten, natürlich.

„Martin, hier ist jemand für dich", hörte er die leise Stimme seiner Mutter, die zur Tür hereingekommen war, legte die Visitenkarten im Vorbeigehen auf die Fensterbank und ging zu ihr. Unbeholfen reichte Britta ihm den Hörer der Gegensprechanlage.

„Ja." Martin verfremdete seine Stimme, unsicher darüber, wer oder was ihn am anderen Ende der Leitung erwartete.

„Hey Alter, wir müssen los, ich warte im Auto", hörte er Rickys Stimme und erwiderte mit einem schlichten „Jo."

„Britta, das Geld", rief er, während er die Tasche verschloss und über seine Schulter schwang. „Das Geld!"

„Ist ja gut, du musst doch nicht gleich schreien." Sie versuchte ihn zu besänftigen, als sie ihm das Geld reichte. Ohne einen Ton zu sagen, griff Martin nach den Scheinen und ging hinaus.

„Wann kommst du nach Hause?", rief sie hinter ihm her, ohne eine Antwort zu erhalten.

„Wollten wir nicht mit dem Zug fahren?" Martin schwang sich in den verblassten Sitz des roten Seats.

„Hab's mir anders überlegt." Ricky zuckte die Achseln und gab Gas.

„Ich würde sagen, wir teilen uns auf und treffen uns nach dem Spiel", sagte er nach einigen Minuten Fahrt.

„Meinetwegen."

„So haben wir die Fotos früher zusammen und können feiern."

Ricky drehte sich zu Martin und wackelte mit seinen Augenbrauen, darauf wartend, bestätigt zu werden.

„Klingt gut."

Ricky drehte den Lautstärkeregler des Radios auf und nickte mit dem Kopf zum Beat, während Martin aus dem Fenster blickend in einem seiner Tagträume versank.

„Da sucht man länger nach einem Parkplatz, als die Fahrt dauert", schimpfte Ricky lauthals, als er die Klappe des Kofferraums zuschlug.

„Stell dich nicht so an." Martin lachte gekünstelt. „Schließlich haben wir einen Parkplatz gefunden."

Aufgeregt näherten sich die beiden Scouts der meterlangen Schlange vor dem Einlassbereich der Gilde Parkbühne, gingen unerschrocken an ihr vorbei und kamen dank ihrer Fotoscoutausweise ohne Wartezeiten hinein.

„Das ist ja echt riesig." Ricky staunte, während Martin sich nach außen hin abgeklärt, einen Überblick verschaffte.

„Leck mich am Arsch, das sind bestimmt fünftausend Menschen." Ricky strahlte und boxte Martin gegen die Schulter. „Lass uns anfangen und nach dem Abpfiff hier treffen, direkt am Tresen."

Martin stimmte zu, während er mit seinem Blick weiterhin neugierig die Menge musterte.
„Tschö mit Ö", rief Ricky aus der Entfernung und verschwand in der Menge.

So hatte er sich das nicht vorgestellt. Immerhin war es nicht die kleine Dorfdisco, die er mittlerweile wie seine eigene Westentasche kannte, in der ihn Ricky alleine zurückließ. Es war eine völlig aufgedrehte schwarz-rot-goldene Menschenmasse, die jegliche Vorstellungskraft sprengte.

„Kannst du, bitte ein Foto von uns machen." Ein in eine Deutschlandfahne gehüllter Typ klopfte auf Martins Schulter.

„Wie bitte?"

„Ein Foto, ob du ein Foto von uns schießen kannst?", schrie Malte ihm ins Ohr und deutete auf seine hinter ihm stehenden Freunde.

„Ach so, klar, klar." Martin, der seine Kamera in der Hand hielt, schaltete sie ein und wartete, bis sich die Gruppe vor ihm positionierte.

Die Gruppe, bestehend aus vier jungen Männern, allesamt in Trikots gekleidet, und ihrer ebenso jungen Freundin, die sie quer auf ihre Arme hoben, wartete mit einem lautstarken ‚Cheese' auf Martins erlösendes Zeichen, sich rühren zu können.

Gekonnt fing Martin die Szene ein und zeigte sie auf dem kleinen Display seiner Spiegelreflex, dem ungeduldigen Quintett.

„Und wo finden wir das Bild im Netz?" Fragend blickte Jana ihn mit ihren leuchtend blauen Augen an und strich sich ihr braunes Haar hinters Ohr.
„Im Netz?", wiederholte Martin, ohne den Blick von ihr zu nehmen, und griff mit der freien Hand in seine Tasche nach den Visitenkarten.

„Bei partypic.de, ich fürchte, ich habe meine Visitenkarten im Auto liegen lassen", erklärte er. Langsam dämmerte ihm, dass sie noch in seinem Zimmer lagen. Verlegen deutete er auf die Aufschrift auf seinem T-Shirt.

„Schreib das schnell auf", beauftragte Jana ihre Begleitung und widmete sich der Liveübertragung des Spiels, während sich bereits neue Fotowillige vor Martins Linse schoben.

Wie eine unaufhaltsame Welle trug die Menschenmenge Martin zusammen mit seiner Kamera fort, ohne dass er einen Einfluss auf Tempo oder Richtung hatte. Von allen Seiten hörte er Rufe, Pfiffe, fühlte ihn antippende, festhaltende Hände, fühlte sich wie ein Rockstar und stellte sich vor, er wäre einer.

Dass er keine Visitenkarten hatte, fiel den meisten nicht auf. Im Freudentaumel wollten sie einzig ein Foto des hier und jetzt ohne einen einzigen Gedanken an morgen zu verschwenden.

Ohrenbetäubende Fangesänge und laute Musik hallten über den gesamten Platz, als Martin sich nach Abpfiff des Eröffnungsspiels wie verabredet am Tresen des Bierwagens einfand. *We're the love generation,* hörte er die heisere Stimme von Bob Sinclair und musste unweigerlich an Jana denken. Es waren Sekunden, Augenblicke, Wortfetzen nichts von Bedeutung und dennoch drehten sich seine Gedanken nur noch um sie. Suchend blickte Martin in die feiernde Menschenmenge, in der Hoffnung, sie wiederzusehen, und vergaß Ricky darüber hinaus.

„Martin, mein Freund."Ricky kam aus dem Nichts und schlang seine Arme um ihn. „Lass uns ein Bierchen trinken, ich lade dich ein."

„So wie du riechst, hattest du mehrere." Martin rümpfte die Nase und schüttelte amüsiert den Kopf.

„Du kennst mich. Keine Party ohne Ricky."

Obgleich Martin nicht viel vertrug, nahm er einen großen Schluck vom kalten Bier, um seinen Durst zu löschen.

„Und wie war's? Viele Bilder gemacht?"

Martin zuckte mit den Schultern. „Denke schon. Wurde direkt angequatscht und ab da wurde es zum Selbstläufer." Anerkennend klopfte Ricky auf seine Schulter und prostete ihm zu. „Na dann hast du es dir ja verdient."

22

„Wie hast du dir das vorgestellt?", fragte er Ricky auf dem Weg zum Parkplatz. „Willst du das Auto stehen lassen?"

„Stehen l-lassen? Mit Sicherheit nicht."

Martin sah besorgt zu ihm rüber und suchte nach einer passenden Antwort, als Ricky weitersprach: „Ich kann doch fahren; und wenn nicht, fährst du."

Erst nach mehreren Anläufen gelang es ihm das Schloss vom Kofferraum mit dem Schlüssel zu treffen und zu öffnen. „Du hast doch einen Führerschein stimmt's?" Ricky stieß auf, verzog angewidert sein Gesicht und spuckte die hochgekommene Flüssigkeit in die Büsche neben sich. „Ist ja schließlich nicht schwer. Kupplung, Gas, Bremse und wenn's laut wird schalten." Er lachte, ehe es ihn wieder zu den Büschen zog.

Kupplung, Gas, Bremse, hallte es in Martins Gedanken nach. Frei von Emotionen blickte er zu seinem würgenden Kollegen, während er die Kamerataschen ins Auto lud. *Kupplung, Gas, Bremse …*

Mit einem lauten Knall schlug Martin den Kofferraum zu und begab sich zur Fahrertür. Unsicher öffnete er sie und stieg ein. *Kupplung, Gas, Bremse.* Er betrachtete die Pedale im Fußraum, um kurze Zeit später seine Füße darauf zu stellen. *Kupplung, Gas, Bremse.* Zögerlich trat Martin die Kupplung durch, im Anschluss das Gaspedal. Aus dem Augenwinkel sah er Ricky sich aufrichten und zum Wagen torkeln.

„Du musst nicht fahren, ich krieg das hin." Erneut stieß er auf.

„Schon gut, lass mal." Martin zog die Fahrertür zu.

Als Ricky endlich auf dem Beifahrersitz saß und sich angeschnallt hatte, schnallte Martin sich ebenfalls an und startete das Fahrzeug. Nach wenigen Augenblicken verstummte der Motor hüstelnd, doch Martin gab sich wie immer cool und war um keine Ausrede verlegen.

„Ich fahre sonst Automatik." Beim Anblick seines irritierten Kumpels zuckte er mit den Schultern und startete das Fahrzeug erneut. Langsam rollte der Wagen vorwärts und Martin bog auf die Straße. „Musst mich aber lotsen, wenigstens bis zur Landstraße."

Bedächtig führte Martin das Fahrzeug entlang der fast leeren Straßen. Ein Freitagabend, an dem die Meisten entweder schon oder noch zu Hause waren. Die perfekte Umgebung zum Üben. Nach wenigen ruckartigen Bremsungen ging ihm auch dieser Teil des Fahrens geschmeidig von der Hand. Freudig und stolz, saß Martin mit geradem Rücken am Steuer und lächelte über das ganze Gesicht. *Ein Naturtalent. Schade, dass er es keinem außer Tobi erzählen konnte,* dachte er und drückte sich tiefer in den Sitz.

„Willst du nicht langsam schalten?" Ricky erwachte auf der Landstraße aus seinem Dämmerschlaf.

„Geschaltet wird erst, wenn der Motor heult." Martin lachte gekünstelt und versuchte, sich an die Handbewegungen seines Vaters beim Fahren zu erinnern, bewegte den Schalthebel theatralisch hin und her, um dann den Fuß vom Gas zu nehmen.

Ungläubig rieb sich Ricky die Augen, schüttelte den Kopf und legte sich wieder schlafen, während Martin sich schon drauf freute, Tobi von seinem Abenteuer zu berichten.

Nach nur dreißig Minuten war die gewagte Fahrt vorbei. Halbwegs gekonnt stellte Martin das Fahrzeug vor Rickys Haus ab und weckte seinen betrunkenen Beifahrer.

„Sind wir da?" Ricky fasste sich an seinen schmerzenden Kopf und gähnte mit weit geöffnetem Mund. „Danke, Alter. Das sollten wir echt öfter machen."

Als Martin nach Hause kam, war es bereits dunkel und Britta wartete besorgt. „Wo warst du so lange? Ich dachte schon, du hast den Zug verpasst", sprudelten die Worte aus ihr, als Martin zur Tür kam.

„Wir sind mit dem Auto gefahren", sagte er müde, ohne über seine Worte nachzudenken, und ging in sein Zimmer.

„Mit dem Auto? Und wofür war das Geld?" Langsam wurde Martin bewusst, dass er sich vor lauter Aufregung verplappert hatte. Fieberhaft suchte er nach einer Ausrede. „Doch nicht nach Hannover, Mann. Hier in unserem Kaff."

„Ich denke, ihr wart in Hannover."

„Du raffst aber auch gar nichts. In Hannover waren wir mit dem Zug. Nachdem wir zurück gekommen sind, sind wir mit dem Auto rumgefahren." Fragend blickte Britta ihren Sohn an und schüttelte den Kopf.

„Was? Was schüttelst du den Kopf?" Martin schnaubte wütend. „Warst du dabei? Nein! Also brauchst du gar nicht so gucken."

„Ich habe doch überhaupt nichts gesagt", verteidigte sie sich. „Es klang nur komisch."

„Du fragst, ich antworte dir und es passt dir trotzdem nicht. Bald sag ich gar nichts mehr." Sichtlich aufgebracht zündete er sich eine Zigarette an und ging an seinen PC.

„Ist ja gut." Verloren verließ Britta das Zimmer und schloss die Tür hinter sich.

Sobald Martin die Kamera an seinen Computer anschloss, startete der Kopiervorgang und die ersten Dateien füllten den geöffneten Fotoordner. Für gewöhnlich dauerte die Nachbearbeitung ein bis zwei Stunden. Martin bereitete seinen Arbeitsplatz vor, indem er Limo, Chips und Zigaretten holte und auf seinem Schreibtisch bereitstellte.

Demotiviert öffnete er das erste Foto, um mit der Nachbearbeitung zu beginnen. Da waren sie, diese blauen Augen, die ihm schon den ganzen Abend nicht aus dem Kopf gehen wollten. Unwillkürlich musste er lächeln, als er das Foto, als er Jana, betrachtete. Ihre braunen Locken, verführerisch glänzend, der leuchtende Blick und das bezaubernde Lächeln. Martin schloss die Augen und versuchte, die Begegnung vom Nachmittag noch einmal zu durchleben, sich an ihren Duft, den Klang ihrer Stimme zu erinnern. Schwermütig schnaufte er und klickte sich zum nächsten Bild.

„Martin, willst du nicht langsam schlafen?"

Der Blick auf die Uhr verriet ihm, dass es weit nach Mitternacht war. Zügig lud er die Fotos auf die Seite von partypic hoch und machte sich bettfertig. Doch selbst im Bett ließ ihn der Gedanke an Jana nicht los. Ob er sie jemals wiedersehen würde?

Martin drückte seinen Kopf noch ein Stück tiefer ins Kissen und schloss die Augen. Womöglich sollte er sie sich aus dem Kopf schlagen, ein weiteres zufälliges Treffen schien aussichtslos. Entmutigt verkroch er sich unter der Decke und schlief ein.

23

„Und Ricky hat dich einfach fahren lassen?"

„Ja Mann, wenn ich es dir doch sage."

„Das ist echt geil. Schlag ein, Alter." Tobi hielt seine Rechte in die Luft und wartete darauf, dass Martin abklatschte.

„Und wie war's? Erzähl!"

„Der Hammer, dachte echt, es sei schwieriger. Die Stimmung beim Public Viewing war richtig geil, vielleicht darfst du nächstes Mal mit."

„Wenn keine Schule ist."

„Warte, ich zeige dir die Bilder, echt Wahnsinn."

Martin drehte sich samt Stuhl zum PC und öffnete den Ordner mit den Bildern. Noch ein Doppelklick und das erste Foto erschien auf seinem Bildschirm. Das erste im Ordner und das erste, welches er an jenem Nachmittag vor einer Woche geschossen hatte.

„Na, das ist ja eine Idee", kommentierte Tobi das Bild von Jana und ihren Freunden lachend.

„Lach nicht, das war cool und das Mädel war auch ganz nett." Martin fühlte sich gezwungen, die Idee des Quintetts vor Tobi zu verteidigen.

„Aha, ganz nett." Tobis schelmisches Grinsen bohrte sich in Martin hinein, bis auch dieser zu grinsen begann.

„Vielleicht auch netter als nett, aber das wird eh nichts." Martin klickte frustriert zum nächsten Bild und beendete das Gespräch. Später am Nachmittag tauschten die Freunde ihre Plätze. Während Martin sich auf dem Bett liegend dem Liebeskummer hingab, durchforstete Tobi das Forum seiner Stammcommunity nach neuen Themen.

„Ist es nicht dein Foto?", riss er Martin aus seinen Gedanken.

„Welches Foto meinst du?"

„Na, das mit dem Mädel und den Jungs."

Neugierig stützte Martin sich auf seine Unterarme und sah zum Bildschirm.

„Sieht genauso aus wie deins, nur dass das Wasserzeichen von partypic geschwärzt wurde."

Von Neugierde und Hoffnung getrieben, stand Martin auf und ging zum PC.

„Zeig her."

Als er mit der Maus über das kleine Profilbild fuhr, vergrößerte es sich. Tatsächlich entpuppte es sich als das Bild, welches er wenige Tage zuvor eigenhändig schoss. Von einem Moment auf den anderen wurde Martins Magen flau. Es war ihm tatsächlich gelungen, er hatte sie gefunden. Na gut, nicht er sondern Tobi, aber wen interessierten schon die Einzelheiten? Er hatte sie gefunden.

„Und ist sie das?"

Martin nickte, ohne den Blick vom Bild zu nehmen. „Lass mich mal hin." Er deutete auf den Stuhl und klickte auf Janas Foto, um auf ihr Profil zu gelangen.

„Zweiundzwanzig? Glaubst du nicht, dass sie ein bisschen zu alt für dich ist?"

„Ach quatsch, die drei Jahre."

Verwirrt blickte Tobi erst zu seinem gleichaltrigen Freund, dann noch ein Mal zu Janas Profil. „Drei Jahre?" Er runzelte die Stirn.

„Meinetwegen dreieinhalb."

„Dass du nicht der nächste Einstein bist, habe ich mir fast gedacht, aber wie kommst du auf drei Jahre?"

„Nicht so wichtig." Martin lenkte ab und schloss das Browserfenster, in Gedanken nach einer Strategie suchend.

Als Tobi am Abend nach Hause ging, verschloss Martin seine Tür und setzte sich an den Computer. Akribisch studierte er Janas Profil, las jeden für ihn zugänglichen Eintrag, betrachtete jedes ihrer Fotos, checkte, mit wem sie befreundet war, lernte sie kennen. Mit jeder neuen Information fühlte er sich ihr näher. *Fast wie ein Stalker,* dachte er und schüttelte bei diesem absurden Gedanken den Kopf. Natürlich war er gerade im Begriff, in ihr Onlineleben einzutauchen und es mit jeder Faser seines Körpers aufzusaugen, doch nicht, um ihr still zu folgen oder sie zu beobachten. Nein, viel mehr brauchte er dieses Wissen, um mit ihr in Kontakt zu treten, das Kennenlernen zu vereinfachen, sich schlichtweg einen Vorteil zu verschaffen und das Risiko zu scheitern zu minimieren.

Mehrmals klickte er auf den Button mit der Aufschrift *Nachricht senden,* schloss das Fenster jedoch nach einigen Sekunden, und während sein Herz sich zu überschlagen drohte, zwang er sich zur Ruhe und Vernunft. *Nur nichts überstürzen.* Viel zu wichtig war ihm die Angelegenheit mit Jana. Nichts durfte schief gehen, eine zweite Chance sich zu beweisen, da war er sich sicher, würde er nicht bekommen.

Schnell hatte das Mädchen auf dem Foto, dessen Blick Martins Verstand geraubt zu haben schien, ein Gesicht, ein Leben bekommen. Mit Schwächen und Stärken, Interessen und Hobbys, Freunden und einem Beruf. Ein nahezu perfektes, vor allen Dingen ausgewogenes Leben, welches Martin kaum Gelegenheit gab sich einzubringen.

Mit Wehmut dachte er an Svenja und Jasmin und an Anja zurück. An Zeiten, in denen es noch einfach war, Mädchen zu imponieren, in denen ihm mit Hilfe von CDs und Zigaretten, ein paar hinzu gedichteten Jahren und seinem Job als Fotoscout, die Mädchenherzen förmlich zuflogen.

Alles Kindereien. Nichts, was nicht zu schaffen wäre. Doch wie sollte er eine junge Frau, die mit beiden Beinen im Leben stand, beeindrucken? Ohne den Blick vom Monitor abzuwenden, griff Martin nach seinem brummenden Handy und führte es zum Ohr.

„Hey Alter, kommst du mit nach Hannover?"

„Ricky, es ist halb elf."

„Das macht nichts. Kommst du nun mit oder nicht?"

Martin zögerte.

„Ich hole dich in einer halben Stunde ab." Ricky entschied für ihn und legte auf.

Perplex sah Martin sein tutendes Mobiltelefon an, darüber grübelnd, was er anziehen sollte. Es war ihm nicht nach Feiern zumute, lieber wäre er zu Hause geblieben, um Jana besser *kennenzulernen,* ihr wenigstens im Traum zu begegnen. *Wahrscheinlich war es gar nicht verkehrt sich etwas abzulenken.*

Pünktlich um elf hörte er Rickys Hupen. Noch ein kurzer Blick in den Spiegel. Martin fuhr durch sein stacheliges Haar und zwinkerte seinem Spiegelbild zu. *Perfekt.* Mit einem Schlag auf den Lichtschalter löschte er das Licht und ging hinaus.

24

„Aaaah, ewig nicht gesehen, wie geht es dir?", erwiderte Jana **Martins** simples Hi überschwänglich, als wären sie schon lange befreundet. Voller Freude drückte sie ihn, ließ von ihm ab und drückte ihn dann mit noch mehr Elan. „Ich freue mich riesig." Sie strahlte den völlig perplexen Martin an, um ihn mit ihrem nächsten Satz noch mehr zu verwirren. „Wer warst du doch gleich?"

Ihr charmantes Lächeln half nur wenig über Martins Enttäuschung hinweg. *Was zum Teufel war hier los? Erst diese vollkommen übertriebene Begrüßung, die innige Umarmung. Dabei weiß sie nicht mal, wer ich bin!* Irritiert sah **Martin** zu Jana, bevor er ihre Begleitung, einen älteren Typen, von Kopf bis Fuß musterte.

„Martin, ich hatte das Foto von dir und deinen Freunden gemacht." Er räusperte sich.

„Foto?"

„Beim Spiel gegen Ecuador, dein –" Martin bremste sich, ehe er das Wort „Profilbild" aussprechen konnte.

„Ach." Wieder fiel ihm Jana um den Hals, diesmal als Geste der Entschuldigung. „Und was machst du hier?"

Martin zuckte angesichts der sinnlosen Frage unbeholfen mit den Schultern. „Feiern und ein paar Fotos." Mit seinem Blick deutete er auf den hinter sich

stehenden Ricky, der verwundert das Geschehen beobachtete. „Und du?"

„Ein echt schräges Date." Jana verdrehte die Augen flüsternd, ohne ihre Begleitung vorzustellen, und
nippte an ihrem Bier.

Im Hintergrund hörte Martin Ricky sich ungeduldig räuspern.

„Okay, wir sehen uns", stammelte er, ehe Jana
wortlos im Gewusel der Diskothek verschwand.

„Wer war denn die kleine Maus?", fragte Ricky
neugierig mit seinen Augenbrauen wackelnd.

„Jana", antwortete Martin verträumt.

„Und der komische Vogel? Doch nicht etwa ihr
Freund?"

Martin zuckte mit den Schultern. War er das
wirklich? Oder doch ein schräges Date wie Jana es
nannte?

„Prost Alter." Ricky riss ihn aus seinen Gedanken
und hielt ihm einen Klopfer vor die Nase.

***

Eine Weile hörte Britta nichts außer dem lauten Klopfen der Tastatur, bis es schließlich nach einer Stunde verstummte. Leise schlich sie sich an Martins Zimmertür und lauschte hinein. Um seine immer häufiger auftretenden Zornausbrüche zu vermeiden, hatte sie sich angewöhnt, ihn möglichst wenig zu stören, doch nun klang es so, als wäre er mit dem, was er tat, fertig.

„Martin?" Vorsichtig öffnete sie die Tür mit ihrem Blick das Zimmer nach liegengebliebener Kleidung durchsuchend. „Solltest du nicht im Bett sein?" Nun trat sie hinein und hob die leere Limoflasche vom Boden auf. „Morgen ist Schule, und wenn du so spät schlafen gehst", Britta atmete in Erwartung an Martins Reaktion schwer aus, „kommst du wieder schlecht aus dem Bett." Verunsichert über Martins Schweigen, suchte sie vergeblich seinen Blick. Auf dem Bildschirm, auf den er regungslos starrte, konnte sie einen Text erkennen. Ein paar Zeilen, zwei, drei Sätze vielleicht. Unmöglich, dachte sie sich, dass es sich dabei um denselben Text handeln sollte, den sie ihn hatte tippen hören, und zuckte mit den Schultern.

„Martin?"

„Ja, ja. Ich gehe gleich ins Bett." Zu ihrer Verwunderung blieb Martin ruhig. „Ich muss das nur zu Ende schreiben."

Britta zuckte noch einmal mit den Schultern, strich Martin liebevoll über sein Haar und verließ das Zimmer ohne ein weiteres Wort.

Wie gebannt blickte Martin auf den Monitor. Immer und immer wieder hatte er die Sätze umgeschrieben. Gekürzt, verändert und noch einmal gekürzt. Kurz und knackig sollte die Nachricht an Jana sein, das Wesentliche enthalten – sie bloß nicht langweilen – neugierig machen. Nervös fuhr Martin mit dem Mauszeiger über den grau unterlegten Button mit der Aufschrift *Senden*. Martins Brustkorb hob und senkte sich mit jedem Atemzug, während seine Anspannung bis ins Unermessliche stieg. Klick – und schon war es geschehen. Erleichtert atmete Martin aus. Endlich hatte er es gewagt, seinen Mut zusammengenommen und Jana geschrieben. Mit einem Knopfdruck erlosch das Licht des Bildschirms und Martin ging müde zu Bett.

***

Zu Brittas Verwunderung, sprang Martin nach dem ersten Klopfen an seiner Tür aus dem Bett und bedankte sich sogar für das Wecken. Seit Jahren war das nicht mehr vorgekommen und für einen Augenblick dachte Britta wehmütig an die damalige Zeit zurück. Irgendwann zwischen der Grundschule und der Pubertät war es um ihn geschehen. Aus dem einst liebenswerten kleinen Jungen wurde ein frecher Bengel, ein Tyrann. Jeden Abend lag sie wach und fragte sich, was der Grund für sein Verhalten war. Überlegte, analysierte, hinterfragte und übersah dabei, dass sie selber einen großen Teil dazu beitrug. Jedes noch so kleine Geschenk nach einem Streit, jede noch so gut gemeinte Nachsicht, bewirkten genau das Gegenteil des von ihr Beabsichtigten. Und während sie der festen Überzeugung war, dass Zuwendungen jeglicher Art der Weg zu Martins altem Ich wären, lernte er, dass er sich alles erlauben konnte und dafür sogar belohnt wurde. Resigniert blickte Britta aus dem Fenster. Nur noch einen Schluck Kaffee, dann würde sie ihm sein Pausenbrot zubereiten.

Nervös starrte Martin auf einen weißen Bildschirm. „Scheißserver", murmelte er leise und fuhr ungeduldig mit der Maus über den Ladebalken am unteren Ende des Bildschirms, während sich die Seite Stück für Stück zusammenfügte.

138

Martins Blick wanderte zum blinkenden Briefumschlag, dessen rechte obere Ecke eine Drei zierte. Hastig klickte er darauf, schloss die Augen und betete, dass Janas Antwort darunter sein möge. „Bitte, bitte, bitte", entfuhr es kaum hörbar aus seinem Mund. Zögerlich öffnete er seine Augen. Ricky, Newsletter und Tobi – das waren die Absender seiner drei Nachrichten – nicht mehr und nicht weniger. Wütend donnerte Martin seine Faust auf den Schreibtisch, während er mit dem linken Handballen über seine Stirn rieb.

„Stimmt irgendwas nicht?", fragte Britta erschrocken und nährte sich dem Schreibtisch.

„Habe ich dir erlaubt reinzukommen?"

„Ich dachte, ich meine – ich habe dir dein Brot mitgebracht." Sie reichte ihm das hölzerne Frühstücksbrettchen mit einem in zwei Hälften geschnittenen Leberwurstbrot.

„Und wer hat dich darum gebeten?" Mit einem Ruck, riss er das Brettchen aus Brittas Hand und warf es lieblos neben die Tastatur.

„Das mache ich doch jeden Tag", stammelte Britta sich über Martins plötzlichen Stimmungsumschwung wundernd und verließ mit gesenktem Kopf den Raum.

25

Als Martins Postfach auch nach sieben Tagen leer blieb, schwand die letzte Hoffnung, eine Antwort von Jana zu erhalten. In den ersten drei Tagen war Martin, sobald Britta ihn weckte, zum Computer geeilt. Um die Nachricht unmittelbar zu sehen, verzichtete er in dieser Zeit sogar darauf sich auszuloggen. Doch nachdem drei Tage in Folge all die Mühe nicht belohnt worden war, schwand die Hoffnung und Martin verfiel in alte Muster. Während er am Donnerstag immerhin nach zehn Minuten aufstand, verging am Freitag eine halbe Stunde zwischen Wecken und Aufstehen. Am Wochenende keimte Martins Hoffnung auf, war es doch möglich, dass Jana in der Woche keine Zeit fand. Am Samstag und Sonntag versackte er vor seinem Computer. Ohne sich anzuziehen, stolperte er Samstagmittag aus dem Bett direkt an seinen Schreibtisch, wo er bis spät in die Nacht blieb. Seine Mutter machte es ihm – wenn auch unter leisem Protest – nicht schwer, denn als Martin rief, brachte sie ihm wie verlangt Mahlzeiten und Getränke, und auch sonst ließ sie keine Gelegenheit aus, Martin zu bemuttern.

Während Martin sich zum wiederholten Mal die an Jana gesendete Nachricht durchlas, machte Britta sein Bett. Ehe sie das Frühstücksbrettchen und den halb vollen Kaffeebecher zurück in die Küche brachte, lüftete sie den Raum, und als sie eine leere gegen eine volle Colaflasche austauschte, leerte sie bei der Gelegenheit den vollen Aschenbecher.

Martin hingegen saß unbekümmert an seinem Schreibtisch und starrte auf den Monitor seines Computers. Mit vollster Aufmerksamkeit studierte er zum gefühlt hundertsten Mal Janas Profil, las ihre persönlichen Angaben, die er beinahe auswendig kannte, sah sich ihre Einträge und Fotos an und suchte nach sichtbaren Veränderungen.

Als Martins Augen trotz mehrerer Liter Cola vor dem hellleuchtenden Bildschirm zuzufallen drohten, stolperte er ungeduscht in sein Bett und schlief ein. In der Nacht schlief er sehr unruhig. In der Morgendämmerung weckte ihn ein Alptraum. Im Traum klingelte Martins Handy. Als er sich mit einem knappen Ja meldete, hörte er zu seiner Verwunderung Janas Stimme.

„Martin?", fragte sie aufgeregt und Martin antwortete ebenso aufgeregt. „Ja?"

„Hör auf mich zu stalken, du Freak."

Die Worte trafen Martin mit einer unglaublichen Wucht. „Wie meinst du das?", antwortete er zögerlich.

„Na, wie wohl? Denkst du, ich weiß nicht, dass du jedes meiner Worte im Internet verfolgst?"

Als Martin schweißgebadet aufwachte, erinnerte er sich nur noch an den letzten Satz. Ohne das Licht anzuschalten, tastete er nach Feuerzeug und Schachtel auf seinem Couchtisch und steckte eine Zigarette an.

Gierig sog er den blauen Dunst in seine Lungen und bildete sich ein, er würde gegen den Schrecken, der ihm immer noch in den Knochen saß, helfen.

„Denkst du, ich weiß nicht, dass du jedes meiner Worte im Internet verfolgst?", hatte ihn Jana in seinem Traum gefragt, aber selbst im wachen Zustand ließ ihm diese Frage keine Ruhe.

Woher weiß sie das? Martin zog gedankenversunken an seiner Zigarette, bis die Hitze der nahenden Glut seinen Zeige- und Mittelfinger verbrannte und ihn zum Loslassen zwang. Schnell hob er den glühenden Stummel auf, in der Hoffnung, er habe nichts verbrannt, und ärgerte sich über seine eigene Blödheit. *Woher soll sie es wissen? Es war doch nur ein Traum.* Martin schüttelte den Kopf, zog noch einmal an der fast verglühten Zigarette, ehe er sie im Aschenbecher ausdrückte, und legte sich wieder schlafen. Der Rest der Nacht verlief traumlos.

Es war ein verregneter Junisonntag. Als Martin am späten Vormittag erwachte, wäre er angesichts des Wetters am liebsten im Bett geblieben. Wäre da nur nicht der Harndrang gewesen, der ihn zum Aufstehen zwang. Mit T-Shirt und Boxershorts bekleidet schlenderte Martin barfuß zur Toilette und setzte sich auf die Toilettenschüssel. Wie immer machte er sich nicht die Mühe, die Tür hinter sich zu schließen, so dass sie nun offen stand und er vom Klo aus auf den Flur sah. Verschlafen rieb er sich die Augen und stütze seinen

Kopf auf seine Hände. Obwohl Martin mit dem Urinieren längst fertig war, blieb er sitzen. Aus dem Treppenhaus hörte er sich nähernde Schritte und schließlich den Schlüssel im Schloss. Martin schloss seine Augen und atmete schwer aus.

„Na, auch schon wach?", witzelte Britta, die gerade zur Tür hereinkam. In ihren Händen hielt sie einen Wäschekorb mit sauberen Sachen, woraus Martin schloss, dass sie vom Dachboden kam.

„Hm", murmelte er und senkte seinen Kopf.

„Bist du etwa müde?"

„Nein, überhaupt nicht." Martin zog die Worte zynisch in die Länge, und während Britta noch den Kopf belustigt schüttelte, keifte er los. „Kann ich jetzt in Ruhe kacken?"

Als Martin zurück in sein Zimmer kam, räumte Britta seine frische Wäsche in den Schrank. Ohne ihr viel Aufmerksamkeit zu schenken, ließ er sich träge in seinen Computerstuhl fallen und erweckte mit einigen kreisenden Bewegungen der Maus den PC wieder zum Leben. Mit leisem Surren verließ der Computer den Ruhemodus und zeigte just dieses Bild, welches Martin vor dem Zubettgehen zuletzt gesehen hatte. Selbstverständlich war es Janas Internetprofil, von dessen Foto sie Martin freundlich anlächelte. *Wörter verfolgen?*

Immer noch grübelte Martin über Janas Worten in seinem Traum, bis er es endlich verstand. Während er sich bisher darauf beschränkte, Janas Fotos und persönliche Daten zu durchleuchten, übersah er die Möglichkeit, ihren Worten zu folgen. Ihren Statements im community-internen Forum, ihren Diskussionen und Postings. Mit wenigen Klicks erreichte Martin eine ganze Sammlung Janas letzter Beiträge und begann sie zu lesen. Wie ausgehungert stürzte er sich auf jedes Wort, jeden Satz, jeden noch so kurzen Kommentar und sog den Inhalt in sich hinein – Unwichtig, wie banal die meisten der darin enthaltenen Aussagen waren, für Martin erschienen sie essentiell.

26

Nachdem Martin sie einen Monat lang studiert hatte, und zwar so lange, bis er das Gefühl hatte, sie genügend zu kennen, stand einer weiteren realen Begegnung nichts im Weg. Wie befürchtet blieb seine Nachricht an Jana unbeantwortet, aber da er nun dank des Internets wusste, wann sie an welchen Veranstaltungen teilnahm, war dieser Rückschlag für ihn von sekundärer Bedeutung. Überhaupt war es weniger ein Rückschlag. Viel mehr – und das wurde Martin immer klarer – war es notwendige Vorbereitungszeit, damit nichts dem Zufall überlassen blieb. Nach der unbeantworteten Nachricht und dem eher verstörenden Treffen in der Diskothek, musste beim nächsten Mal alles glatt laufen. Denn da war er sich sicher: allzu viele Chancen Jana näher zu kommen, würden ihm nicht mehr geboten.

Diesmal wollte er alles richtig machen, und da er wusste, dass der Mensch – wie nett er auch war – dazu neigte oberflächlich zu denken, musste sich seine „Oberfläche" verändern.

In Druckbuchstaben hatte er auf ein Blatt Papier, das ihn ab sofort in seiner Hosentasche begleitete ‚DER SPECK MUSS WEG!' geschrieben und eine Fotomontage seines Kopfes auf einem durchtrainierten Körper neben sein Foto aus dem letzten Badeurlaub geklebt.

Als nach acht Tagen ohne Antwort eine neue Woche anbrach, sollte für Martin eine neue Ära anbrechen. Wie ein Besessener fuhr er täglich mehrere Stunden Fahrrad, bis ihm die Waden brannten. Da er sich um seine Gesundheit nicht scherte, ernährte er sich ausschließlich von Joghurt. Egal wie oft ihm seine Mutter erklärte, dass Lightprodukte und einseitige Ernährung ungesund seien, Martin wollte Ergebnisse und bekam sie auf diesem Weg. Ein Wachstumsschub, der ihn binnen kürzester Zeit um drei Zentimeter wachsen ließ, kam ihm ganz gelegen, so dass Martin sich nach vier Wochen seiner Joghurtdiät fünfzehn Kilo leichter und damit endlich im Bereich des Normalgewichts wiederfand.

Einzig die längst verblassten Dehnungsstreifen auf seiner Haut erinnerten noch an den kleinen, dicken Jungen, aber die waren Martin egal. Er hatte sein Ziel erreicht und betrachtete sich voller Stolz in der Spiegeltür seines Kleiderschranks.

Endlich war es soweit. Längst hatte er sich einen Plan für Janas Eroberung zusammengelegt und konnte ihn nun umsetzen.

Martin griff zu seinem Handy und wählte Rickys Nummer.

„Du lebst noch?", begrüßte ihn Ricky verwundert.

„Siehst du ja. Was machst du morgen?"

„Nichts und du?"

Martin schwieg kurz, als hätte ihn der Mut verlassen, und antwortete schließlich. „Ich? Ich fahre nach Hannover. Kommst du mit?"

„Was willst du da?", fragte Ricky skeptisch. „Und das mitten in der Woche."

„Morgen startet das Maschseefest, dachte wir könnten ein paar Bilder machen und 'ne Runde abfeiern."

Martin hoffte, dass Ricky den Köder schluckte, immerhin hieß sein Motto ‚Keine Party ohne Ricky'.

„Abfeiern?"

„Ja. Ist schon eine Weile her, dass wir zusammen losgezogen sind." Das stimmte, schließlich verbrachte Martin die letzten vier Wochen damit, das Objekt seiner Begierde zu studieren und Gewicht zu verlieren. In Wirklichkeit aber wusste er, dass Jana an diesem Mittwoch dort sein würde, und benötigte eine Mitfahrgelegenheit.

„Hast du ein Glück, dass ich diese Woche frei habe. Ich hole dich um fünf ab."

Hätte Ricky vor ihm gestanden, wäre Martin ihm vermutlich vor Freude um den Hals gefallen, am Handy konnte er sich im letzten Moment zusammenreißen und die Jubelschreie auf später verschieben.

„Alles klar, Alter", murmelte er betont cool in sein Handy. „Bis morgen."

Martin sah sein Spiegelbild an und spürte eine ihm bisher fremde Zufriedenheit. Alles verlief nach Plan. Mit einem Luftgitarrensolo krönte er den Erfolg seiner letzten Tage, bevor er sich auszog und ins Bett ging.

***

Trotz der Tatsache, dass Mittwoch war, war das ein-
undzwanzigste Maschseefest gut besucht. Aufgeregt
mischten sich die beiden Fotoscouts unter die Leute
und begannen, die Speicherkarten ihrer Kameras zu
füllen. Wachsam sah sich Martin, in der Hoffnung
Jana in der Menge zu entdecken, um.

„Suchst du jemanden?"

„Ich? Nein. Ich dachte, ich hätte jemanden gesehen", log er, um keinen Verdacht zu erwecken, und
setzte seine Arbeit fort. Selbstverständlich hatte er
nicht damit gerechnet, sie auf Anhieb zu treffen, aber
mit jedem Foto und jeder erfolglosen Stunde wurde
Martin zunehmend frustrierter.

„Lass uns in den Groove Garden, da ist bestimmt
noch eine Menge los", schlug Ricky vor, als es dunkel
wurde und sich die Wege rund um den Maschsee
lichteten.

Keine üble Idee, dachte Martin und machte sich gemeinsam mit ihm auf den Weg zum nahegelegenen
Partyzelt.

Mit einem Getränk in der einen, der Kamera in
der anderen Hand verschafften sich die beiden zunächst einen Überblick. Das Zelt war gut besucht, die
Menschen gut drauf und es war noch früh.

„Ich würde sagen, wir teilen uns auf, drehen ein,
zwei Runden und machen Feierabend."

Martin nickte, exte sein Getränk und zog los. Seine Motivation und die Hoffnung Jana zu finden, hatten sich längst verabschiedet. Gequält schlich er durch die Menge. Immerhin drängten sich die Fotowilligen von alleine vor seine Linse. *Wenigstens etwas,* dachte Martin, als er in wenigen Metern Entfernung Jana sah. Genau genommen sah er lange, braune Locken und eine schlanke Silhouette, aber das reichte ihm völlig, um die zwischen ihm und ihr stehenden Menschen auszublenden.

„Hallo?", hörte er ihm unbekannte Stimmen, als er wie in Trance die wenigen Meter zu ihr zurücklegte. Dann war er da.

Aufregung und Nervosität ergriffen wie zwei hässliche Dämonen die Gewalt über seinen Körper. Sein Herz begann zu rasen, die Hände zu schwitzen und seine Kehle trocknete innerhalb von Sekunden aus. *Reiß dich zusammen,* befahl er sich, räusperte sich und tippte ihr vorsichtig auf die Schulter. Mit einem aufgesetzten Lächeln leierte er seinen üblichen Soll-ich-ein-Foto-von-dir-machen-Satz runter, ehe die Maskerade begann. Die Stirn runzelnd, als würde er über etwas wichtigem brüten, fragte er mit fester Stimme.

„Bist du nicht …" Martin machte eine künstliche Pause, als würde er in Gedanken nach ihrem Namen suchen, und fügte schließlich fragend „Jana" hinzu.

Nun runzelte sie ihre Stirn, musterte sein Gesicht, bis die Skepsis endlich der Freude wich.

„Hi. Marius nicht wahr?"

„Martin!" Martin setzte zu einer Umarmung an, in der Hoffnung, ihr würde seine Enttäuschung entgehen. Gleichzeitig sog er innerhalb der wenigen Sekunden, in denen die Begrüßung dauerte, ihren Duft in sich auf, als wäre dieser die Luft zum Atmen. Ganz egal wie oft er von diesem Moment träumte, ihn sich ausmalte, nun stand er da und suchte vergeblich nach Worten.

Er entschied sich letztlich für das Naheliegendste. „Und soll ich ein Foto von dir machen?"

„Klar gerne." Jana lächelte in die Kamera.

„Und was machst du hier ganz allein?", unternahm er den Versuch, ein Gespräch anzufangen.

„Gute Frage." Jana lachte. „Eigentlich warte ich auf meinen Kumpel, aber ich glaube, der ist, betrunken wie er war, nach Hause gegangen." Jana verzog ihr Gesicht zu einem schiefen Lächeln und zuckte mit den Schultern.

„Soll ich dir Gesellschaft leisten?"

„Musst du nicht arbeiten?" Sie deutete auf seine Spiegelreflex.

Martin winkte ab. „Ich habe heute über tausend Bilder geschossen." Er übertrieb schamlos. „Da kann ich mir ruhig eine Pause gönnen."

Mit seiner freien Hand deutete er auf die Theke und ließ Jana den Vortritt.

27

„Da bist du ja endlich", rief Ricky, als er Martin auf einem Barhocker neben Jana sah. Neben der Zeit hatte Martin auch Ricky völlig vergessen und fühlte sich ertappt.

„Ach, komm schon." Martin klopfte Ricky auf die Schulter. „Wenn du willst, bringe ich das Equipment zum Auto, während du dir ein Feierabendbier gönnst."

Ricky nickte, verstaute seine Kamera in der dafür vorgesehenen Tasche und überreichte sie seinem Kollegen.

„Komm mit." Martin winkte Jana zu sich, während sie sich mit einem höflichen Nicken von Ricky verabschiedete.

„Ich sagte ja, es kann sich nur um Stunden handeln." Martin lachte aufgesetzt. „Das ist eben das Problem, wenn man zu faul ist den eigenen Autoschlüssel mit sich herumzutragen."

Jana lächelte. Fröstelnd schlang sie die Arme um ihren Körper und verschränkte sie.

„Möchtest du meine Jacke haben?"

„Ach nein, schon in Ordnung." Sie versuchte sein Angebot auszuschlagen, doch da zog er die Jacke schon aus und legte sie behutsam über ihre Schultern. Dankbar kuschelte Jana sich in die vorgewärmte, nach Parfüm riechende Jacke und lächelte verträumt.

„Da wären wir." Martin deutete auf den roten Seat. „Ist aber nur geliehen, meiner ist im Moment in der Werkstatt."

Die Worte verließen seinen Mund, ohne dass er sie hätte stoppen oder anderswie beeinflussen können. Viel zu unspektakulär erschien ihm die alte Rostlaube, um sie als sein eigen auszugeben.

„Immerhin etwas", stellte Jana nüchtern fest. „Sonst bist du, wie ich, auf Öffis angewiesen und hängst mitten in der Woche fest, weil nichts fährt."

„Stimmt, schon scheiße. Na ja, jetzt bin ich ja da." Martin lächelte gönnerhaft. Als er beide Kamerataschen im Kofferraum verstaut hatte, öffnete er die Beifahrertür und ließ sie einsteigen.

Nachdem er Platz genommen und sich angeschnallt hatte, startete er den Motor. „Du müsstest mich nur lotsen", sagte er und fuhr los.

Nach nur fünfzehn Minuten war die Fahrt durch die Innenstadt zu Ende und Martin hielt in einer schmalen Straße zwischen grauen Altbauten.

„Da wären wir", sagte Jana und deutete auf eines der Gebäude.

„Wenn du willst, schicke ich dir deine Fotos, sobald ich zu Hause bin, dann musst du nicht warten, bis ich sie hochgeladen habe", versuchte er zu punkten. „Du bist doch mit Sicherheit bei partycom?" Partycom.de – die Partycommunity, war die am meisten verbreitete Community in der Region, deshalb wunderte sie die Frage nicht. Martin aber wusste, dass sie seine Frage bejahen würde, und fieberte diesem Moment entgegen.

Jana senkte ihren Blick und antwortete verschämt. „Mein Nick ist Justitia und wehe du lachst."

„Wieso sollte ich?" Martin hob seine Hände in die Luft und musste unwillkürlich daran denken, dass er tatsächlich schmunzeln musste, als er ihren Nicknamen zum ersten Mal gesehen hatte.

„Danke", sagte Jana und tastete nach dem Türgriff, als sie sich wieder Martin zuwandte. „Danke, das war echt lieb von dir." Eilig drückte sie ihm einen flüchtigen Kuss auf die Wange und stieg aus.

Wie hypnotisiert blickte Martin auf die sich schließende Haustür, hinter der Jana vor einigen Sekunden verschwunden war. Ungläubig hielt er sich die Wange und lächelte verträumt. Der Abend war ein voller Erfolg, wäre da nur nicht die Sache mit Ricky.

Martin sah auf sein Handy, dessen Display fünf Anrufe in Abwesenheit anzeigte. Vor einer halben Stunde war er *kurz* zum Auto gegangen, Streit mit Ricky war vorprogrammiert, aber das ließ ihn kalt.

28

„Du siehst so", Tobi kratzte sich am Kopf, während er nach dem richtigen Wort suchte, „beschwingt aus."

„Aha."

„Nein, ehrlich. Man erkennt dich kaum wieder. Was hast du gemacht?"

Eine richtige Antwort auf die Frage hatte Martin nicht, im Großen und Ganzen war es der Kontakt zu Jana. Und da war es wieder, dieses verträumte und glückliche Lächeln verbunden mit dem wohligen Gefühl, alleine beim Gedanken an sie.

„Kannst du dich noch an das Mädel von der WM erinnern?", fragte er.

„Die Fünfundzwanzigjährige?"

„Sie ist zweiundzwanzig", erwiderte Martin streng.

„Meinetwegen."

„Ich bin drauf und dran bei ihr zu landen."

Tobi wackelte mit den Augenbrauen und lachte. „Verstehe."

„Nein, tust du nicht", unterbrach er ihn schroff. „Es ist mir ernst. Ich habe sie echt gern."

Tobi sah geknickt zu Boden und entschuldigte sich. „Eins musst du mir verraten. Wie willst du mit deinen sechzehn bei einer Dreiundzwanzigjährigen landen?"

„Das geht schon", druckste er rum, ohne Tobi dabei anzusehen.

„Na komm, hab dich nicht so. Immerhin kennen wir uns seit der ersten Klasse, da kannst du mir das ruhig verraten." Tobi sah ihn fordernd an.

„Also gut. Ich erfülle ihr einen langgehegten Traum", eröffnete Martin voller Stolz. „Und dann führt das eine zum anderen." Martin strahlte, als wäre diese Abfolge unvermeidbar.

„Das beantwortet mir nicht meine Frage nach dem Alter."

„Na ja." Martin atmete schwer aus und schluckte. „Sie weiß nicht, dass ich sechzehn bin."

Tobi kniff die Augen zusammen und neigte seinen Kopf, als hätte er ihn nicht richtig verstanden.

Martin zuckte mit den Schultern und ergänzte. „Du weißt schon, der Zweck heiligt die Mittel."

Ablehnend schüttelte Tobi den Kopf und verschränkte seine Arme vor der Brust. „Du weißt, dass das nicht gut gehen kann?", fragte er mehr besorgt als belehrend.

Martin hörte gar nicht hin. „Ich werde sie schon aufklären, lass das mal meine Sorge sein."

„Und was machst du nach der Schule?" Tobi wechselte das Thema und erwischte, ohne es zu wollen, Martins wunden Punkt.

„Mal gucken, mit der Ausbildung wird es dieses Jahr nichts."

„Bei mir auch nicht." Tobi blickte entmutigt zu Boden. „Was hältst du davon, wenn wir zusammen das FSJ machen?" Tobis Augen begannen zu glänzen, als er Martin fragend ansah.

„Tut mir leid, Alter. Ich soll ab Januar hauptberuflich bei partypic anfangen." Martin schluckte und wartete gespannt auf Tobis Reaktion. Selbstverständlich wäre das FSJ eine sinnvolle Alternative gewesen, zumal es den bezahlten Scoutjob nie gegeben hatte, dann hätte Martin jedoch eine Schwäche eingestehen müssen, und obwohl es keinen Grund gab seinen besten Freund zu belügen, fand er das Gefühl hinten dran zu sein derart unerträglich, dass er zu dieser Lüge griff.

„Ach so", antwortete Tobi sichtlich enttäuscht. „Herzlichen Glückwunsch."

Auf dem Weg nach Hause, dachte er über sein Vorhaben nach. Seit dem Besuch vom Maschseefest stand er in regelmäßigem Kontakt zu Jana. Beinahe täglich schrieben sie sich Nachrichten, die man sogar als Flirt hätte bezeichnen können, doch der Funke wollte einfach nicht überspringen.

Kein Wunder. Als wäre es nicht schon schwer genug, jemanden von sich zu überzeugen, trennten Martin und Jana nicht nur fünfeinhalb Jahre Altersunterschied, sondern auch zwanzig Kilometer Luftlinie. *Verdammtes Dorf*, verteufelte Martin den beschaulichen Vorort, in dem er aufgewachsen war, und fieberte einem Wiedersehen mit Jana entgegen. *Nur noch elf Tage,* lächelte er siegessicher. *Nur noch elf Tage.*

29

Da sich Jana für ihre Spontanität lobte, hatte Martin bewusst weitere sieben Tage gewartet, bevor er ihr das unwiderstehliche Angebot unterbreitete. Vier Tage waren schließlich lange genug, um die wichtigsten Vorkehrungen zu treffen, und kurz genug, um sie unter Zugzwang zu setzen, der sie zu einer Zusage bewegen sollte.

Am Abend des sechsten Novembers war es endlich soweit. Wie gewohnt schrieb Martin über Gott und die Welt, bis er beiläufig zu seiner Aufgabe als Fotoscout wechselte.

„Wunder dich übrigens nicht, wenn ich mich am Wochenende nicht melde", schrieb er plötzlich. „Bin ab Samstagmorgen nicht da und weiß nicht, wann ich an den PC komme."

„Ist gut", lautete Janas Antwort, die entgegen Martins Plan keinerlei Interesse zeigte.

Nun musste er in die Offensive gehen, was anderes blieb ihm nicht übrig. „Kannst ja mitkommen, wenn du willst?"

„???"

„War ein Scherz."

„Wo geht's denn hin?"

Martin lächelte zufrieden. Das war die nötige Neugier auf die er aufbauen konnte. „Soll nach Köln, ein paar Fotos machen."

„Nach Köln?"

„Die fünfte Jahreszeit, du weißt schon." Schon vor Wochen hatte er davon gelesen, dass einer ihrer größten Träume, am 11.11. in Köln zu feiern, war, und wartete nun gespannt auf ihre Antwort.

„Oh, du Glückspilz, da bin ich glatt ein bisschen neidisch."

„Wie man's nimmt. Ricky ist krank und ich darf alleine hin und den ganzen Tag Fotos von irgendwelchen Leuten machen."

Diesmal dauerte Janas Antwort länger, immer wieder aktualisierte Martin seinen Browser, indem er die Tastenkombination Strg+F4 drückte, aber nichts geschah. Hatte er sie mit seiner Offensive verschreckt? Gerade wollte er zu einer neuen Nachricht ansetzen, da hörte es den langersehnten Benachrichtigungston.

„Oh, du Armer", spottete sie. „Ich würde mich freuen, wenn ich hin müsste. Wobei alleine wirklich doof ist."

„Kannst ja mitkommen." Martin tippte in Windeseile und schickte die Nachricht genauso schnell ab.

„Ist schon alles bezahlt, sogar die Getränke", fügte er hinzu, um die letzten Zweifel zu beseitigen. Natürlich stimmte das nicht, allerdings durfte er es keinesfalls zulassen, dass sein Vorhaben wegen Kleinigkeiten scheiterte. Nicht nach all den Anstrengungen, nicht jetzt.

„Sogar die Getränke?"

„Partypic hat uns fünfzig Euro Freiverzehr gewährt."

„Pro Person? Und das für ein paar Fotos? Ich glaube, ich muss umschulen."

„Haha. Schick mir deine Nummer, dann besprechen wir die Einzelheiten", schlug er vor, als wäre es längst beschlossen, und notierte sich zufrieden die ihm zugesandten Ziffern.

Pünktlich um sieben Uhr stand Martin vor dem Haupteingang des Bahnhofs. Es war ruhig an diesem Samstag, ein paar Leute befanden sich auf dem Weg zur Arbeit, andere wiederum machten sich jetzt erst auf den Weg nach Hause. Eine grüne Straßenbahn fuhr auf dem Bahnhofsplatz ein und durchbrach die morgendliche Stille. Gelbe Ahornblätter wirbelten umher und der hellblaue Himmel versprach schönes Wetter. Wachsam sah Martin sich um, bis er sie endlich entdeckte. Langsam stieg sie die Treppe rauf. Gekleidet in eine dunkle Jeans und eine schwarze Fleecejacke war sie an diesem Tag unscheinbar, stach aber für ihn aus der Menge heraus. Mit jeder Stufe, die sie aufstieg, stieg Martins Herzfrequenz. Hastig verstaute er seine Hände in den Hosentaschen, wechselte zu den Jackentaschen und holte sie wieder hervor.

„Guten Morgen", rief Jana gut gelaunt und umarmte ihn zur Begrüßung. Für einen Moment vergaß Martin alles um sich herum, sog Janas Duft in sich auf und genoss den Augenblick.

„Wollen wir?", fragte sie, als sie sich langsam aus der Umarmung löste.

Martin nickte. „Unser Zug fährt in zwanzig Minuten. Wenn du willst, können wir vorher zum Bäcker." Fahrplanmäßig verließ der ICE mit den beiden an Bord den Bahnhof, und während Jana nach einem kurzen Smalltalk an die Fensterscheibe gelehnt einschlief, beobachtete Martin sie, dankbar ihr nah sein zu dürfen.

„Aufwachen." Martin rüttelte an ihrem Arm und Jana richtete sich widerwillig auf.

„Sind wir schon da?" Müde rieb sie sich die Augen und streckte sich dabei.

„Bald." Martin sah auf die Uhrzeitanzeige seines Handys und ergänzte. „Fünfzehn Minuten noch."

„Da hätte ich ja noch schlafen können", murmelte sie verschlafen und zog wie eine Schildkröte ihren Kopf zwischen den Schultern ein. Verlegen starrte Martin sie an. „Wie genau läuft das gleich eigentlich?"

Martin sah sie fragend an.

„Ich meine, musst du eine bestimmte Anzahl an Fotos machen, oder eine bestimmte Zeit lang knipsen?"

„Ach, das. Ich würde sagen wir feiern ein bisschen und die Bilder entstehen nebenbei."

Jana schüttelte nachdenklich den Kopf. „Und die lassen euch wirklich ICE fahren? Wenn's nach mir ginge, wäre mehr als Nahverkehr nicht drin, das muss sich doch rentieren."

Martin schluckte beim Gedanken daran entlarvt zu werden, blickte kurz zum Fenster, während er sich die passende Ausrede zurechtlegte, und begann geheimnisvoll zu erklären.

„Das rentiert sich. Du glaubst nicht wie viel Traffic auf den Fotoseiten herrscht." Um seine Aussage zu unterstreichen, hielt er sich den Zeigefinger auf die Lippen. „Das hast du nicht von mir."

Jana nickte und die Ansage des ICE ertönte. *Nächster Halt: Köln Hauptbahnhof. Ausstieg in Fahrrichtung rechts.*

„Dann mal los", sagte Martin und ließ Jana den Vortritt. Nur noch wenige Minuten trennten sie vom Heumarkt, dem Mittelpunkt des Geschehens und ihre Nervosität stieg.

In der Mitte des Platzes sahen sie von weitem eine Bühne, auf der eine Band performte. Kostümierte Jecken schunkelten und prosteten sich fröhlich zu und so mischten sie sich unter die Leute. Nach einigen Minuten im Gewühl schlug Martin vor, auf ihre Ankunft anzustoßen und nur zehn Minuten später hielten beide ein Kölsch in der Hand.

Mit einem großen Schluck leerte er das schmale Glas und auch Janas Glas blieb nicht lange voll. Den Blick auf die Bühne gerichtet, warteten sie gespannt und sinnierten über Geschmack und Alkoholgehalt

164

des Biers, während sie selbiges tranken. Als die Musik verstummte und der Präsidenten der Willi Ostermann-Gesellschaft nebst dem Oberbürgermeister auf der Bühne erschienen, stellten sie ihre leeren Gläser auf den Tresen des Bierwagens und schoben sich noch tiefer ins Gedränge.

Wie aus einem Mund begannen siebzigtausend Narren von zehn abwärts zu zählen. Von der Stimmung mitgerissen, stimmten Martin und Jana euphorisch mit ein.

„Fünf, vier, drei, zwei, eins." Freudenrufe erfüllten den Heumarkt und aus den menschengroßen Boxen neben der Bühne erklang eine Instrumentalversion von ‚Wenn et Trömmelche jeht'.

„Kölle alaaf, alaaf, kölle alaaf", sang die Menge und jubelte, als Martin sie plötzlich umarmte. Aus der Umarmung gelöst, zögerte er einen Augenblick und drückte ihr schließlich einen Kuss, den man als freundschaftlich hätte deuten können, auf den Mund. Ob es am Freudentaumel oder doch am Alkoholgehalt vom Kölsch lag, vermochte Jana nicht zu beurteilen, denn auch sie zögerte kurz, ehe sie seinen Kuss, und das ganz und gar nicht freundschaftlich, erwiderte.

30

„Na wie war's? Hat's funktioniert?", sprudelte es aus Tobi heraus. Zur Antwort strahlte Martin wortlos. Anerkennend klopfte Tobi ihm auf die Schulter und bestellte per Handzeichen zwei Bier. Aus Angst vor Brittas neugierigen Fragen hatte Martin beschlossen, Tobi außerhalb seines Zimmers in einer Kneipe einzuweihen.

„Und hast du's ihr erzählt?" Martin grinste schief und trank einen Schluck aus seiner Flasche.

„Alter, das kannst du nicht bringen." Tobi trank ebenfalls etwas. „Aber du hast ihr nicht noch mehr Unsinn erzählt, oder?"

Martin starrte durch das grüne Glas seiner Flasche. Auf Janas Frage nach seiner Arbeit hatte er erzählt, dass er DJ sei, dass ihm eine kleine Diskothek gehöre, und über einen schrecklichen Brand in seiner Wohnung berichtet. Immerhin musste er glaubhaft erklären, weshalb er bei seiner Mutter wohnte.

Er erfand ein paar Hobbys und Erlebnisse und krönte die Geschichte letztlich damit, dass er nur noch stundenweise als Rettungsassistent tätig sei, da er praktisch ausgesorgt hatte.

„Würde ich an deiner Stelle auch nicht machen." Die Stimme seines Freundes drang in sein Bewusstsein. „Weiber sind da echt nachtragend."

Martin zog die Mundwinkel zu einem Lächeln hoch und prostete Tobi zu.

***

Aneinander geschmiegt lagen sie auf Janas Bett und sahen fern, als sie ihn aus dem Nichts fragte: „Was machst du eigentlich an Silvester?"

Angesichts dessen, dass es Mitte Dezember war, war die Frage naheliegend und überraschend zu gleich. *Feiern, arbeiten, sich verkriechen.* Martin dachte angestrengt nach, um sein Lügenkonstrukt nicht zu gefährden. Niemals hätte er es auch nur zu träumen gewagt, dass ihre Beziehung so lange hielt. So weit hatte er schlichtweg nicht gedacht.

„Ich dachte, wir könnten gemeinsam feiern." Jana richtete sich auf und lächelte ihn an.

„Klar, gerne." Martins Gedanken rasten. So sehr er sich auch freute, bedurfte die Planung, angesichts seiner Minderjährigkeit, größter Genauigkeit.

„Ich dachte, wir könnten in die Disco", fuhr Jana fort, ohne Martins innere Unruhe zu bemerken.

Martins Gesicht verzog sich unwillkürlich, war doch seine einzige Eintrittskarte in Diskotheken seine Aufgabe als Fotoscout.

„Tut mir leid, das wird nichts", eröffnete er und gab sich größte Mühe bedrückt zu klingen. Janas Blick zeugte von Unverständnis, doch bevor sie fragen konnte, sprach Martin mit ernster Stimme weiter.

„Silvester bin ich immer in meinem Club. Das ist eine Art Ritual, und wenn Not am Mann ist, kann ich direkt helfen." Mit seinem Blick fixierte er Janas Gesicht, beobachtete jede Regung. Das kurze Stirnrunzeln, das schwere, enttäuschte Ausatmen, ein vorsichtiges Nicken. Offensichtlich hatte sie ihm seine Ausflüchte geglaubt, keines seiner Worte hinterfragt. Eine Welle der Freude überschwemmte ihn und ein Lächeln dominierte sein Gesicht.

„Warum lachst du?"

„Ich? Ich meine, du kannst mitfeiern." Martin lächelte noch breiter beim Versuch, seine entgleiste Mimik zu rechtfertigen.

„Wenn ich nicht störe." Jana schmiegte sich zufrieden an Martins Brust und widmete sich dem Fernsehprogramm.

„Das ist Jana und das ist Tobi."

Jana reichte Tobi die Hand, verwundert darüber, wie jung er wirkte. „Und ihr kennt euch seit der Grundschule?", flüsterte sie Martin ins Ohr. „Tobi hat zwei Klassen übersprungen", antwortete er, ohne lange zu überlegen.

Es war zehn Uhr und bald würden sie das alte Jahr hinter sich lassen. In der einzigen Disco der Stadt herrschte ausgelassene Stimmung, der Jana, genauso wie ihre Begleiter, schnell verfielen. Feiernd und tanzend verbrachten sie den Abend, dass sich weder Zeit noch Gelegenheiten für überflüssige Fragen ergaben. Stolz beobachtete er Jana, wie sie an der Theke, auf ihr Getränk wartete. Martin lächelte zufrieden. Endlich hatte er es geschafft, Janas Herz zu erobern. Es war ihm gelungen, sie in sein Leben zu integrieren, ohne dass sie hinter sein Geheimnis kam.

Ein friedvoller Moment verging und rasende Eifersucht keimte in ihm auf. Ein Typ in seinem Alter stellte sich neben Jana und begann ein Gespräch. Unzählige Gedanken jagten ihm durch den Kopf und begannen, binnen Sekunden sein Selbstbewusstsein zu zermürben. *Vielleicht hat er sie nach der Uhrzeit gefragt.* Martin versuchte sich zu beruhigen, während eine innere Stimme das Gegenteil behauptete. *Er hat sie angemacht, definitiv, und nun erwidert sie seine blöde Anmache und spricht mit ihm.* Blinde Wut stieg in Martin auf

und er ballte seine Fäuste. *Einundzwanzig, zweiundzwanzig, dreiundzwanzig.* Gerade wollte er sich von seinem Platz erheben, da bemerkte er, wie Jana lachte. Es
war ein schallendes Lachen ihrem Gesichtsausdruck
zur Folge, offensichtlich lachte sie den Fremden aus,
und Martins Anspannung baute sich langsam ab.

„Was wollte der Typ", fragte Martin misstrauisch,
als Jana zurück zum Tisch kam.

„Der?" Jana deutete mit ihrem Kopf in Richtung
Bar und lachte laut los. „Der hat mich gefragt, ob ich
ihm einen Wodka-E bestellen kann." Wieder begann
sie zu lachen, als hätte sie etwas besonders Witziges
gesagt, während Martin sie verdutzt ansah.

„Und was daran ist witzig?"

Jana verdrehte die Augen. „Mensch, der war erst
siebzehn." Sie schüttelte abschätzig den Kopf. „*Siebzehn.* Da kriegt er doch nur Bier."

Martin nickte stumm. Ausgelacht hatte sie den armen Wicht, dabei war er doch selber erst vor ein paar
Wochen siebzehn geworden. Ein mulmiges Gefühl
überkam ihn. „Na, du bist ja nett."

„Was denn? Ich bin doch nicht seine Mami." Unschuldig zuckte Jana mit den Schultern und wippte
rhythmisch zur Musik.

„Was würdest du machen, wenn ich dir sage, dass
ich siebzehn bin?" Wollte Martin wissen.

„Hä? Ich hab dich nicht gehört."

Martin zögerte kurz und stellte die Frage erneut. Diesmal fragte er lauter. So laut, dass seine Stimme in Janas Ohr schmerzte. Mit versteinerter Miene sah er sie in Erwartung einer Antwort an.

„Wieso solltest du so einen Schwachsinn erzählen?" Jana runzelte die Stirn. Bald, da war sich Martin sicher, würden sich ihre Augenbrauen berühren und zu einer dunklen Linie verschmelzen. Ihr sonst freundliches Gesicht wirkte mit einem mal wie eine hässliche Fratze. Skepsis, Misstrauen und Wut zeichneten sich in jeder Pore ihrer Haut ab. Nun war sie diejenige, die ihre Frage lauter als nötig wiederholte.

„Nur so. Einfach aus Neugierde."

„Aus Neugierde?"

Unsicher hob Martin seine Schultern. „Eine hypothetische Frage halt." Langsam löste sich die Anspannung in ihrem Gesicht und damit auch die Skepsis.

„Was ich machen würde, wenn du mir sagst, du seist siebzehn?" Jana hob eine Augenbraue und überlegte kurz. „Vermutlich würde ich dich auslachen." Sie überlegte einen Moment. „Ganz sicher sogar."

„Auslachen?" Nur mit Mühe schaffte er, sich seine Bestürzung nicht anmerken zu lassen.

„Was sonst? Denkst du, ich möchte ein Kind zum Freund?" Jana schüttelte energisch den Kopf über die Absurdität ihrer eigenen Frage, während Martin sie starr vor Schreck ansah. Zum ersten Mal seit langem hatte er das Gefühl, die Kontrolle zu verlieren. Nicht er beherrschte seine Lügen, sondern seine Lügen ihn.

31

„Geschafft." Jana schmiss sich neben Martin auf die Couch. „Alle Möbel an ihrem Platz, alle Kisten ausgepackt."

Entgegen aller kritischen Stimmen, war das junge Paar nach nur sieben Monaten Beziehung zusammengezogen und genoss nun die traute Zweisamkeit.

„Ich liebe dich." Martin legte seinen Arm um ihre Schulter und schob sie noch näher an sich heran.

„Das will ich stark hoffen." Liebevoll schmiegte sie sich an seine Brust und schloss die Augen. „Dumm nur, dass wir die nächsten fünf Jahre in dieser Wohnung bleiben müssen."

„Wie meinst du das?"

„Ich hasse Umzüge. Schade, dass wir nicht gleich in eine größere Wohnung ziehen konnten."

Martin schwieg, als hätte er den letzten Satz überhört.

„Mein Professor sagt übrigens, dass das Verhalten deines Vermieters völlig unzulässig ist."

„Dein Professor?" Martin richtete sich auf und blickte sie verstört an.

„Wenn er den Brand verursacht hat, und das hat er durch die billigen Stromleitungen, muss er dich aus dem Vertrag entlassen." Jana erhob sich von der Couch und stemmte ihre Hände in die Hüften. „Außerdem kann er keine Miete für eine unbewohnbare Wohnung verlangen."

Martin sah in ihre Augen und ahnte, dass das Gespräch eine Wendung nehmen würde. Seit drei Wochen wohnten sie in der neuen Wohnung und seit drei Wochen wartete Jana auf seinen Teil der Miete. Bisher war es ihm gelungen, seine Geschichte aufrecht zu erhalten und sogar auszubauen, doch langsam wurde die Luft dünner.

„Apropos Miete." Janas Stimme klang verständnisvoll und fordernd zugleich. „Es wäre schön, wenn du mir bald deinen Anteil geben könntest." Verlegen sah sie zu Boden.

„Ich habe am Montag einen Termin beim Vermieter", wechselte Martin das Thema.

„Soll ich dich begleiten?" Martin schüttelte energisch den Kopf. Wie sehr er sich über Janas Engagement auch freute, war es das komplette Gegenteil von dem, was er brauchte. Während er am Anfang ihrer Beziehung ihr mit seinen Flunkereien imponierte, verselbstständigten sich seine Lügen mit der Zeit immer mehr. Oft genug erwischte er sich dabei, wie ihm unwillkürlich Unwahrheiten über die Lippen kamen.

Tag für Tag erschuf er sich eine eigene Welt, eine Parallelwelt, in der alles nach seinen Wünschen lief, und diese Scheinwelt wurde immer lebendiger und vielschichtiger. Mit jeder ausgedachten Geschichte gewann sie an Tiefe, ergab mehr und mehr Sinn, gab Martin Sicherheit.

„Dann droh ihm wenigstens mit deiner Jura-Freundin", unterbrach Jana seine Gedanken, als sie in die Küche ging.

Vor seinem bildlichen Auge las er dem glatzköpfigem, bierbäuchigem Vermieter die Leviten und drohte ihm, ihn bis auf die Unterhose zu verklagen.

„Meine Freundin ist Anwältin und hat sich auf solche Schweine wie Sie spezialisiert." Er lachte selbstgefällig. „Damit werden Sie nicht durchkommen!"

„Hast du was gesagt?" Verdutzt blickte Jana um die Ecke.

Irritiert schüttelte Martin den Kopf, selbst in seiner Fantasie neigte er zur Übertreibung.

„Ist das Essen fertig?" Er lenkte vom Thema ab und ging zu seiner Freundin in die Küche.

Nachdem Jana das Haus verlassen hatte, zwang sich Martin aus dem Bett. Gerne wäre er wie sonst liegen geblieben, gemächlich in den Tag gestartet, um sie dann von der Uni zu empfangen und ihr von seinem anstrengenden Tag als Diskothekenbesitzer zu berichten. Aber langsam wurde es Zeit zu handeln, denn neben seinen Ausreden wurde vor allen Dingen das Geld knapp. Ohne lange zu überlegen, schaltete er den Computer ein und bemühte das Internet. *Nebenjob Blutspender,* fiel ihm als erstes ins Auge und

Martin begann zu lesen. *Fünfundzwanzig Euro und ein kostenloses Frühstück für das bisschen Blutabzapfen?* Martin lächelte zuversichtlich. Einzig sein Alter stand ihm wie so oft im Weg, doch er wusste sich bereits zu helfen.

Zum ersten Mal seit dem Einzug verließen sie gemeinsam das Haus. „Ich denke nachher an dich." Jana küsste ihn zum Abschied und ging zur Bahn, während Martin sich an seinem Fahrrad zu schaffen machte. Als er sicher war unbeobachtet zu sein, zückte er sein Portemonnaie und holte seinen Personalausweis hervor. Aufmerksam betrachtete er das laminierte Dokument.

Dem Zoll hätte er es nicht unbedingt vorzeigen wollen, aber einer einfachen Krankenschwester ... Martin steckte den Ausweis ein und schwang sich auf sein Rad. Der Fahrtwind machte die Hitze erträglicher und motivierte ihn, noch fester in die Pedale zu treten.

Wie das Leben so spielt, dachte er. Damals hatte er nur müde lächeln können, wenn ihm Markus mit den Worten ‚Du hast einen gut bei mir' auf die Schulter geklopft und nach der neusten Musik gefragt hatte, heute war es ein Siegeslächeln, welches sein Gesicht zierte, wenn er an die letzte Begegnung mit Markus dachte. Seinen verdutzten Blick, als Martin den längst fälligen Gefallen eingefordert hatte, würde er wohl nie vergessen.

„Einen Perso?", hatte Markus ihn gefragt. „Weißt du was das kostet?" Lächelnd hatte Martin ihn an die vielen CDs erinnert, die er einst für Markus gekauft und bespielt hatte, und ihn gefragt, was sein Vater, seines Zeichens Polizist, von seinem ‚Hobby' hielt. Zähneknirschend hatte sich Markus des Auftrages angenommen und ihm wenige Tage später den langersehnten Ausweis überreicht.

An der Uniklinik angekommen, schloss Martin sein Fahrrad an und begab sich ins Gebäude. Sobald er durch die Tür kam, schlug ihm der Geruch von Desinfektionsmittel ins Gesicht. Der typische Krankenhausgeruch, den die meisten Menschen verabscheuten. Martin holte tief Luft und sog den Duft in sich ein. Was für andere ein Schreck war, roch für ihn wie ein Traum, sein Traum. Gerne wäre er Rettungsassistent geworden, aber eine Vier in Sport hatte ihm sinnbildlich das Genick gebrochen und den Durchschnitt versaut. Aus der Traum vom Traumberuf.

„Kann ich Ihnen helfen?"

Martin blickte in das freundliche Gesicht einer in weiß gekleideten Endzwanzigerin.

„Ich würde gerne Blutspenden", sagte er leise und sah sich in der imposanten Eingangshalle des Krankenhauses, in der er stehengeblieben war, um.

„Kommen Sie mit, junger Mann."

Wortlos folgte er der eilenden Schwester zur Anmeldung.

„Ich bräuchte zunächst einmal Ihren Ausweis."

Aufgeregt reichte Martin ihr seine neue Errungenschaft, und während sie ihn achtlos nahm und die Daten daraus in ihren Computer übertrug, reichte sie Martin Klemmbrett und Stift. „Füllen Sie das aus und kommen dann wieder."

Nachdem Martin den Anamnesebogen ausgefüllt hatte, ging er zurück zur Schwester. Eine kurze Untersuchung inklusive Bluttest später, durfte Martin zum Spenden. Nachdem er auf einem grauen Ledersessel Platz genommen hatte und der Zugang gelegt wurde, begann das Blut zu fließen. Fasziniert beobachtete Martin wie sich der Blutbeutel füllte.

„Echt spannend, wa?", hörte er die Stimme eines alten Mannes. „Joachim." Der Fremde auf dem Nachbarsessel streckte ihm seine Hand entgegen.

„Martin."

„Und weeste, was noch interessant ist?", flüsterte der grau gelockte Mann. „Kaum ist Monatsende, iset hier schon wieder rappelvoll." Er begann zu lachen, verschluckte sich jedoch und das Lachen ging in einen Raucherhusten über.

Verschreckt sah Martin mit leicht geöffnetem Mund zu ihm rüber.

„Nimm's nit so ernst, ich bin hier auch nur des Geldes wegen." Wieder begann Joachim zu lachen. „Was will man schon als Frührentner machen?"

„Des Geldes wegen?" Martin bemühte sich unwissend zu wirken.

„Klar, sag bloß, du bist wegen des guten Zwecks hier?" Joachim runzelte seine faltige Stirn und sah Martin fragend an. „Das hier ist noch Pillepalle, was richtig Kohle bringt, ist Blutplasma."

„Blutplasma?", wiederholte Martin.

„Mensch Jung, ich glaub, dir tut das Abzapfen net jut." Seine Lunge pfiff bei einem weiteren Versuch zu lachen.

„Was meinen Sie mit *richtig Kohle*?"

„Richtig Kohle halt. Kannst jede Woche hin und dafür gibbet 'nen Fuffi. Das ganze Jahr."

„Das ganze Jahr?" Das stupide Nachplappern ließ ihn dümmlich wirken und er provozierte ein erneutes Pfeifkonzert des Rauchers.

„Das Kraut, was du rauchst, will ich auch." Martin schob seine Schultern hoch.

„Da kannste fünfundvierzig Mal im Jahr hin, jede Woche praktisch. Rechne das mal aus."

In Gedanken begann Martin zu rechnen. 45 mal 50 sind … „Zweitausendzweihundertundfünfzig, flüsterte er und erntete ein anerkennendes Lächeln seines Gesprächspartners. „Das sind ja fast zweihundert Euro im Monat", stellte Martin überrascht fest.

„Sag ich doch."

„Dann war's das für heute." Wie durch einen Schleier drang die Stimme der Krankenschwester zu ihm hindurch. „Folgen Sie mir bitte zur Anmeldung", bat ihn die freundliche Stimme, der er wie in Trance nachging.

Zweihundert Euro – zusammen mit dem Kindergeld wären es dreihundertvierundfünfzig Euro monatlich. Martin dachte bereits über erste Anschaffungen nach, als ihn die Stimme von Schwester Erika zurück in die Realität holte.

„Nur noch eine Unterschrift und in zwei, drei Wochen kommt Ihr Spenderausweis per Post."

„Und wenn ich Plasma spenden will?"

Schwester Erika lachte auf, bevor sie ihm eine Antwort gab. „Dann kommen Sie nächste Woche wieder. Man merkt, dass Sie sich mit Joachim unterhalten haben." Amüsiert schüttelte sie den Kopf, während sie das unterschriebene Blatt Papier abheftete. Selbstverständlich war es seine Geldnot und jetzt sogar die Gier, die ihn hierher trieb, es zuzugeben, kam für Martin jedoch nicht in Frage.

„Nein, nein, ich bin Rettungsassistent, da ist es doch Ehrensache."

Schwester Erika warf ihm einen skeptischen Blick über den Rand ihrer Lesebrille zu und nickte kommentarlos.

Auf dem Heimweg dominierten Zahlen Martins Gedanken. Dreihundertvierundfünfzig Euro waren zwar nicht viel, aber selbst nach Abzug seines Mietanteils von hundert Euro mehr als das, was er sonst monatlich zur Verfügung hatte. Martin hielt an einer Sparkasse und räumte sein Konto leer. Die Idee, Blut und Plasma zu spenden war gleichermaßen genial wie simpel. Endlich konnte er Jana das Geld für die Miete geben und sich damit Luft verschaffen. Achtlos stopfte er die Geldscheine in seine Hosentasche und fuhr los.

In den ersten Wochen ihrer Beziehung hatte Jana allen seinen Ausflüchten geglaubt, doch mit der Zeit und vor allem seit dem Umzug hinterfragte sie seine Erzählungen immer häufiger. Zugegeben, waren seine Geschichten oft spektakulärer als nötig, aber genau das machte sie erst glaubwürdig. Einzig die Erklärungen entwickelten sich mit der Zeit zur stetig wachsenden Last und das liebe Geld, welches ihm einen Strich durch die Rechnung zog. Immer öfters endeten ihre Unterhaltungen im Streit. Jana fragte, Martin antwortete. Sie bohrte und er blockte. Ohne es zu bemerken, hatten sie sich, in der kurzen Zeit seit dem Einzug, auseinander gelebt. Seine oberste Priorität war es, nicht mehr sie an sich zu binden, schließlich hatte er es mit der gemeinsamen Wohnung längst geschafft. Ab sofort galt es, sein Lügengebilde aufrechtzuerhalten, und dafür war ihm jedes Mittel recht.

32

8 Monate später

„Na, wie war dein Arbeitstag?", fragte Martin höflich-keitshalber, in Erwartung, dieselbe gelangweilte Antwort wie in den Tagen zuvor zu erhalten.

Jana strahlte. „Du wirst nicht glauben, was heute passiert ist." Ihre Augen leuchteten wie die eines kleinen Kindes an Weihnachten und die Freude wäre ansteckend gewesen, wenn Martin ihr diesen Ferienjob gegönnt hätte.

„Wieso, was ist passiert?"

„Normalerweise bin ich für den Aktentransport zuständig." Jana machte eine kurze Pause, um Spannung zu erzeugen, ehe sie weiter sprach. „Aber heute hat mich Dr. Höring in sein Büro gerufen und gesagt, dass ich ab sofort die Akten der Schuldner bearbeiten darf, schließlich habe ich durch mein Studium genügend Vorerfahrungen."

Janas freudiges Grinsen wurde noch breiter, Martins mattem Gesicht jedoch fehlte jegliche Mimik.

„Freust du dich gar nicht für mich?", fragte sie irritiert.

„Doch, doch."

„Na, das klingt ja überzeugend. Auf jeden Fall, darf ich jetzt Erinnerungsschreiben, welche an die Schuldner gehen, vorbereiten, und muss nicht länger irgendwelche Akten von einem Büro ins andere schieben. Und ..." Die Worte sprudelten aus Jana ohne Punkt und Komma heraus. Dabei fiel ihr gar nicht auf, dass Martin ihr längst nicht mehr zuhörte.

Ungläubig starrte er sie an, während sich vor seinem bildlichen Auge ein Schreckensszenario nach dem anderen abspielte. Wenn Jana Zugang zu den Akten hatte und es ihre Aufgabe war, diese zu bearbeiten, war es nur noch eine Frage der Zeit, bis ihr seine Akte in die Hände fiel. Und dann – Martins Herz begann zu rasen und ihm wurde übel, als er den Gedanken zu Ende spann. Dann würde sie sehen, dass er alleine den Mandanten der Kanzlei Höring&Kollegen mehr als 3000 € schuldete. Viel schlimmer noch, sie würde sein wahres Alter erfahren. Erfahren, dass er erst achtzehn war, keine Ausbildung hatte – von der eignen Disco ganz zu schweigen. Martins Magen zog sich weiter zusammen und er dachte, Galle schmecken zu können, als ihn Janas Stimme aus seinen Gedanken riss.

„Martin? Hörst du mir überhaupt noch zu?"

Martin blinzelte verdutzt und schüttelte unwillkürlich den Kopf.

„Na danke auch." Enttäuscht verließ sie den Raum.

Die Begeisterung, mit der Jana selbst beim Abendessen von ihren neuen Aufgaben sprach, brachte Martin dazu, sich für einen Moment zu hassen.

Trotz der Liebe, die er für sie empfand, musste er diesen Job sabotieren.

„Erzähl mir mehr davon", sagte er, als sie sich im Bett in seinen Arm legte, und küsste sie zärtlich auf die Stirn, um sie versöhnlich zu stimmen.

„Fuck, ist das spät", schrie Jana, während sie sich die Klamotten vom Vortag überwarf und ins Badezimmer eilte. „Fuck, fuck, fuck, fuck, fuck", hörte Martin sie durch die ganze Wohnung fluchen und rieb sich müde die Augen.

„Was ist denn los?", fragte er und gähnte.

„Was los ist? Ich muss in zwanzig Minuten im Büro sein!" Mit ein paar Handgriffen band sie ihre Haare zu einem strengen Zopf und griff nach ihrer Handtasche. „So 'ne Scheiße", rief sie zum Abschied, ehe das Donnern ihrer Absätze hinter der Tür verhallte.

„So 'ne Scheiße", wiederholte Martin leise und lächelte zufrieden.

***

Mit einem Knall fiel die Tür ins Schloss. Martin klickte das Browserfenster zu und widmete sich einem Textdokument auf dem Computerbildschirm.

„Na", begrüßte ihn Jana von weitem, während sie sich ihrer Schuhe entledigte.

„Auch schon da?", fragte Martin genervt, ohne sie eines Blickes zu würdigen.

In den letzten Wochen war es fast täglich zum Streit gekommen, denn anstatt ihre Ferien mit ihm zu verbringen, arbeitete Jana jeden Tag in der Kanzlei. Zu allem Überfluss machte sie neuerdings Überstunden. Martins Angst, die Kontrolle zu verlieren, wuchs von Tag zu Tag.

„Fang nicht wieder damit an."

„Womit?"

„Du weißt es ganz genau. Es ist meine Arbeit und da ändern deine Launen nichts daran." Jana schnappte sich den Flyer ihrer Lieblingspizzeria und setzte sich auf die Couch.

„Meine Launen sind also daran schuld, dass du ständig Überstunden schiebst?" Martin drehte sich auf dem weißen Drehsessel und sah sie fragend an.

„Genau genommen, ja" Jana hob ihren Blick, widmete sich dann aber dem Flyer.

„Was soll das denn heißen?" Martin wurde lauter.

„Was schon? Denkst du ich steh drauf, mir täglich irgendwelche Vorwürfe anhören zu müssen?"

Martin lachte hysterisch und so legte sie den Flyer zur Seite und begrub damit jede Hoffnung, auf einen ruhigen Abend.

„Ehrlich, was willst du hören? Seit drei Wochen führen wir jeden Abend diese Diskussion und seit drei Wochen hast du nichts Besseres zu tun, als mich schlecht zu machen." Entgegen ihrer Absicht zitterte Janas Stimme bei den Worten heftig und kündigte Tränen an.

„Ich mache dich schlecht? Wer verbringt denn seine Semesterferien lieber mit dem Chef als mit mir?" Martins Stimme überschlug sich und brachte Janas Tränen zum Fließen.

„Das ist doch verrückt. Weißt du überhaupt, was du da redest?"

Mit eiskaltem Blick betrachtete Martin seine auf der Couch kauernde Freundin. Anfangs empfand er noch Mitleid, doch spätestens nach einer Woche schlug das Gefühl in Wut um. Jedes Schluchzen, jede Träne, jedes noch so feine Zittern machten ihn rasend vor Wut. War sie es doch selber, die diese Streite provozierte.

Hatte er ihr nicht in den ersten Tagen klar gemacht, wie wenig er von der neuen Arbeit hielt? Hatte er sich nicht die größte Mühe gegeben, damit sie diesen Job verlor? Als ob er sie dazu zwang, auf ein Taxi auszuweichen, wenn ihr Wecker *zufällig* versagte? Oder als ob es ihm Spaß machte, bis tief in die Nacht zu streiten, damit sie am nächsten Tag unausgeschlafen und unkonzentriert zur Arbeit ging? Sie musste doch nur aufgeben. Stattdessen machte sie es sich und ihm unnötig schwer. Abschätzig schüttelte Martin den Kopf.

33

Janas Totschlagargument, was sie selbst jenseits der Ferien am Job in der Kanzlei festhalten ließ, war die Bezahlung. Vierhundert Euro – nicht die Welt und dennoch unverzichtbar. Nervös kaute Martin auf seiner Unterlippe und dachte nach. Wenn sie an diesem Job trotz all der von ihm gelegten Steine festhielt, musste er ihn überflüssig machen. Zwar sprach Jana davon, dass ihr die Arbeit Spaß machte, dennoch und da war er sich sicher, würde sie diese sofort aufgeben, wenn ihr kein finanzieller Verlust dadurch entstünde. Martin drückte seine Zigarette im überfüllten Aschenbecher aus und ging zurück an den Computer. Lautstark hämmerte er die Suchbegriffe in das Suchfeld der Suchmaschine und wartete auf das Ergebnis.

Verdoppeln Sie Ihren Einsatz und vervielfachen Ihr Geld, las Martin und klickte auf den Link. Neugierig las er den Beitrag über die todsichere Roulettestrategie, die ihn nach kurzer Zeit überzeugte. Das Prinzip klang simpel und logisch, Martin entschied sich sein Glück zu versuchen.

In wenigen Schritten meldete er sich bei einem Onlinecasino an und zahlte einen in seinen Augen entbehrlichen Betrag ein. Konzentriert überlegte er sich eine Strategie, mit der er mit seinem geringen Budget möglichst weit kommen konnte, und begann zaghaft zu spielen. Als es ihm direkt im ersten Ver-

such gelang, die gesetzten zwanzig Cent zu verdoppeln, überkam ihn ein leises Glücksgefühl. Immerhin
war das Glück ihm hold. Er setzte, gewann, verlor,
verdoppelte und befand sich nach kurzer Zeit im Sog
des Glücksspiels. So euphorisch ihn der kleinste Gewinn werden ließ, so zerschmetternd waren die Ver-
luste. Gebannt starrte Martin auf den Bildschirm, mit
seinen Augen das virtuelle Rouletterad verfolgend.

„Geh, geh, geh, geh, geh", rief er, während die
weiße Kugel immer langsamer wurde und schließlich
zum Stillstand kam.

„Yes!", jubelte Martin und betrachtete stolz seinen
neuen Kontostand: 15,70 €. *Immerhin. 5,70 € Gewinn in
nur* – Martin blickte auf die Uhr – *drei Stunden.* Das
eben noch stolze Lächeln ließ langsam nach, bis Martins Mundwinkel ihre Ausgangsposition erreichten.

Während des Spiels fiel ihm nicht auf, wie schnell
die Zeit vergangen war, und nun hatte er innerhalb
von drei Stunden lächerliche 5 € erspielt. Das Ergebnis
war ernüchternd, schnell erkannte Martin das Problem. Nicht dem Spiel an sich, sondern seinem niedri-
ger Einsatz war der mickrige Gewinn geschuldet,
schließlich hatte er sein Geld fast verdoppelt. Seine Ellenbogen auf den Computertisch gestützt, vergrub er
seinen Kopf in seinen Händen.

*Denk nach Alter, denk nach, irgendwo muss das Geld
doch herkommen.* Martin sah auf, zog sein Handy aus

der Hosentasche und wählte. Erst nach mehrmaligem Tuten hörte er die tiefe Stimme seines Vaters.

„Seitling."

„Hier auch."

„Na, dass man von dir noch was hört." Sein Vater klang gleichermaßen vorwurfsvoll wie verwundert.

„Du weißt doch, viel zu tun." Martin tat beschäftigt. „Und wie geht es dir?"

Sein Vater räusperte sich, hielt einen Augenblick lang inne und lachte.

Martins Herz begann zu rasen und Schweiß trat auf seine Stirn. „Warum lachst du?", fragte er nervös.

„Weil du mich seit geschlagenen drei Monaten nicht mehr angerufen hast, und nun meldest du dich und fragst wie es mir geht? Was willst du?"

„Muss ich immer gleich was wollen?", verteidigte er sich, wobei seine Stimme ohne sein Zutun höher wurde.

„Wie lange kennen wir uns?" Das Verständnis in Michaels Stimme ermutigte Martin sein wahres Anliegen zu äußern.

„Kannst du mir vielleicht hundert Euro leihen?", fragte er kleinlaut und wartete hoffnungsvoll auf die Antwort seines Vaters.

„Hm." Michael schwieg, als würde er darüber nachdenken. „Das ist eine Menge Geld, wofür brauchst du's?"

„Wofür ich es brauche?" Martin machte eine kurze Pause, als wäre es ihm unangenehm darüber zu sprechen. „Genau genommen ist es nicht für mich, es ist für Jana."

„Für Jana?" Michaels Verwunderung war nicht zu überhören, nun musste eine wirklich gute Erklärung her.

„Genau, für ihr Semesterticket." Martin lächelte zufrieden. Das Semesterticket war wichtig, niemals würde Michael ihm die Bitte ausschlagen.

„Im April?"

„Klar, das gibt's jetzt vierteljährlich." Martin kniff die Augen zusammen und schlug die freie Hand vor die Stirn. Hoffentlich würde sein Vater seiner unüberlegten Antwort keine Aufmerksamkeit schenken.

„Ein Semesterticket vierteljährlich?"

„Kannst du oder kannst du nicht?", fuhr er seinen Vater ungeduldig an.

„Ich überweise es dir nachher."

„Danke, bis dann." Zufrieden beendete Martin das Gespräch und wählte die Nummer seiner Mutter.

34

„Na Alter, lange nicht gesehen." Freudig umarmte Tobi seinen Freund und bat ihn hinein.

Martin zog die Schultern hoch und nickte verschämt. „Du weißt ja wie das ist, viel zu tun."

„Ja, ja." Tobi lachte. „Und was machst du so?" Mit seiner Hand deutete er auf die großzügige Couch in seinem Zimmer, während er vor dem Computer Platz nahm.

Martin dachte nach. Gerne hätte er Tobi eine atemberaubende Geschichte erzählt, aber dafür kannte er ihn zu lange.

„Das Übliche eben. Arbeit, Freundin, Party, du weißt schon."

Tobi nickte zustimmend.

„Und du?"

„Ausbildung, Freundin, Führerschein, du weißt schon." Tobi zwinkerte ihm zu und lachte. „Übrigens muss ich in einer Stunde los." Entschuldigend wedelte Tobi mit einer Plastikkarte und legte sie zurück in sein Portemonnaie. „Seit ich meinen Führerschein habe, darf ich ständig für meinen Dad den Großeinkauf erledigen."

Martin verzog mitleidig sein Gesicht.

„Na, immerhin lässt er mir seine Karte da." Tobi lachte und erhob sich von seinem Platz.

„Möchtest du was trinken? Cola? Fanta?" Mit diesen
Worten verließ er sein Zimmer und lief die Wendel-
treppe ins Erdgeschoss seines Elternhauses hinab.

Eine Kreditkarte, das war *die Lösung.* Ohne darüber nachzudenken, stand Martin auf und griff nach
der Karte, um sie in seiner Gesäßtasche verschwinden
zu lassen. Er setzte sich zurück auf die Couch und sah
zum Fenster hinaus.

„Sorry, hat länger gedauert", sagte Tobi und hielt
ihm ein mit Cola gefülltes Glas hin.

„Tut mir leid, ich muss los. Ich habe einen Termin
vergessen", murmelte Martin und ging ohne ein Wort
des Abschieds zur Treppe. „Wollte dich nicht aufhal-
ten, sorry."

Den Blick gesenkt, lief er aus dem Haus, zur
nächsten Bushaltestelle.

Während er auf den Bus wartete, schossen ihm
unzählige Gedanken durch den Kopf. Eine Kreditkarte war die ideale Lösung, aber hatte er dafür gerade
seinen besten Freund, beziehungsweise dessen Vater
bestohlen. Martin holte tief Luft. Nein „bestohlen"
konnte man es nicht nennen. Tobi dachte mit Sicherheit, er hätte sie verloren und dann würde die Bank
für den Verlust haften. Martin lächelte erleichtert, als
sich ein anderer Gedanke einschlich. *Was wenn Tobi
die Karte sperren lässt? Es ist alles umsonst.* Martins
Blick wanderte nervös hin und her, bis er auf das In-
ternetcafé gegenüber fiel.

Zielstrebig überquerte er die Straße und verschwand in dem zweistöckigen Eckhaus. Nachdem er sich in die hinterste Ecke des Cafés gesetzt hatte, loggte er sich im Onlinecasino ein und ging zur Einzahlung.

Während er die Daten von Tobis Vater eingab und sie um die auf der Karte stehenden Nummern ergänzte, überkam ihn für einen Moment ein mulmiges Gefühl.

„Komm schon, du hast keine Zeit, die Bank zahlt es doch zurück", sprach Martin leise zu sich und bestätigte eine Einzahlung in Höhe von tausend Euro. Da er das Limit der Karte nicht kannte, wiederholte er die Prozedur, solange sie erfolgreich blieb, und klickte sich dann zum Onlineroulette.

Schwarz, Rot, Zero. Viel Auswahl hatte er nicht, dennoch stand Martin die Anspannung ins Gesicht geschrieben. *Schwarz, Rot, Zero. Alles oder nichts.* Mit einem Klick setzte er das gesamte Geld auf schwarz und betätigte den Bestätigungsbutton.

Ne rien pas plus, flimmerte es über den Bildschirm und der virtuelle Kessel begann sich zu drehen.

„Alles oder nichts", flüsterte Martin und hielt sich seine Hände vor die Augen. „Alles oder nichts." Durch einen Spalt zwischen Zeige- und Mittelfinger sah er, dass der Kessel stetig langsamer wurde. Das Gefühl nichts tun zu können, zermürbte Martin innerlich, er riss seine Hände weg und blickte gebannt auf den Bildschirm.

„Weiter, weiter, weiter, weiter." Mit jeder Wiederholung wurde Martin lauter, krallte sich in den Tisch fest und lehnte sich nach vorne. „Los, los, los, los." War er nicht zu überhören, als die Kugel an der roten neunzehn beinahe zum Stehen kam.

Martin presste seine Lider fest aufeinander und hielt für einen Augenblick den Atem an. *Einundzwanzig, zweiundzwanzig, dreiundzwanzig.* Er holte tief Luft und ließ seine Lider locker. Langsam öffnete er seine Augen und blickte auf den Bildschirm.

Ein kleines Fenster hatte sich geöffnet und nach der Eingabe des nächsten Einsatzes verlangt. Martins Blick wanderte über die Worte, ehe er langsam zu verstehen begann.

Wählen Sie Ihren Einsatz!
Gesetzt: 0 €
Noch möglich: 8467 €

8467 €. Martin schloss seine Augen, atmete langsam ein und aus und öffnete sie wieder. *8467 €.* Er hatte tatsächlich gewonnen. Er hatte tatsächlich gewonnen!

„Ja, Mann", brüllte Martin aus dem Nichts und begann heftig zu lachen. *So mussten sich die Leute in*

Las Vegas fühlen, dachte er, während er die Auszahlungsmodalitäten einstellte.

***

„Hast du sie noch alle?"

Martin hatte die Tür einen Spalt weit geöffnet und sah in das entsetzte Gesicht seines besten Freundes. Ungeniert drängte sich Tobi an ihm vorbei. Ohne sich umzusehen, begann er erneut zu schreien. „Was hast du dir dabei gedacht? Bist du total übergeschnappt?"

„Hey, komm doch rein. Nein, ach was, du hast mich nicht geweckt." Mit T-Shirt und Boxershorts bekleidet schlenderte er vom Flur ins Wohnzimmer, kratzte sich lässig am Hinterkopf und nahm auf der grauen Couch Platz.

Tobi stand derweil immer noch mitten im Raum und machte keine Anstalten, sich hinsetzen zu wollen.

„Wie war das? Dachtest du, besuche ich Tobi und zieh ihn ab, oder war das eher eine spontane Eingebung?" Winzige Speicheltropfen flogen aus Tobis Mund. „Wie kommt man auf eine derart hirnrissige Idee? Erklär mir das mal." Sein Gesicht färbte sich rot, während Martin regungslos auf der Couch saß.

„Mach mal Pause Tobi, ich habe keine Ahnung was du meinst." Völlig unberührt sah er zu seinem Freund und zog die Schultern hoch.

„Du hast keine Ahnung, was ich meine?" Tobi lachte hysterisch. Er begann, wie ein wildes Tier im Käfig, vor Martin auf und abzugehen, als würde er ihn jeden Moment anfallen wollen. „Er hat keine Ahnung was ich meine", murmelte er und schüttelte den Kopf. *„Du hast also keine Ahnung?"*

Unbeeindruckt zuckte Martin die Achseln.

„Dann will ich dir mal auf die Sprünge helfen. Du, die Kreditkarte von meinem Vater und die fehlenden viertausend Euro – na klingelt da was?"

Unausgeschlafen wie er war, kämpfte Martin gegen sein Gähnen an, konnte es jedoch nicht unterdrücken. „Ach, das."

„Ach, das?" Tobi riss die Augen auf, seine Pupillen verengten sich. „Ist das alles?"

Ruhig und abgeklärt fuhr Martin fort. „Wenn die Karte als gestohlen gemeldet ist, übernimmt die Bank den Schaden."

Tobi bemühte sich zu lachen. „Das glaubst aber auch nur du!" Einen Moment lang blieb er stehen und fixierte Martins Blick, als könnte er seinen Freund aus alten Tagen darin erkennen, würde er nur lange genug hinsehen.

„Und wie kommst du überhaupt darauf, dass ich das war?"

Tobi öffnete den Mund, blieb aber stumm. Entsetzt schüttelte er den Kopf und wich zurück, als würde sich vor ihm ein Abgrund auftun. „Weißt du", stotterte er leicht. „Das war nicht allzu schwer rauszufinden, nachdem das Geld von einem Onlinecasino mit dem Betreff ‚Martin Seitling' abgebucht wurde."

Martin verdrehte die Augen, hatte er doch tatsächlich ein wesentliches Detail übersehen.

„Weißt du, dass ich wie ein Vollidiot mit vollem Einkaufswagen an der Kasse stand, als es mir aufgefallen war, und mein Vater erst dachte, wir hätten gemeinsame Sache gemacht?" Tobi wurde lauter. „Aber keine Sorge, ab sofort kümmert sich die Polizei darum, Anzeige ist schon gestellt."

Martin sah Tobi fragend an, ohne auch nur einen Hauch Reue zu empfinden. „Viertausend Euro – war das der Wert unserer Freundschaft?"

Wieder einmal erhielt Tobi nur ein müdes Schulterzucken zur Antwort, enttäuscht kehrte er Martin den Rücken zu und verließ wortlos die Wohnung.

35

„Guten Morgen, mein Schatz."

Trotz eines Streits am Vorabend, spürte Jana Martins Lippen auf der Wange und wunderte sich über seine gute Laune.

„Habe ich was verpasst?" Jana richtete sich auf und streckte sich ausgiebig.

„Nö, aber du verpasst 'ne ganze Menge, wenn du nicht bald aus den Federn kommst, Schlafmütze."

Jana hob ihre rechte Augenbraue und musterte ihn eingehend. Sie sah sich misstrauisch um und kniff sich in den Oberarm.

„Du bist echt niedlich, wenn du verplant guckst", sagte Martin und gab ihr einen Kuss. „Ich habe eine Überraschung, dafür musst du langsam aufstehen. Das Taxi ist in einer Stunde da."

„Das Taxi?"

„Genau."

Sein Strahlen ließ Jana den gestrigen Streit vergessen und eine leichte Aufregung machte sich breit.

„Pack ein paar Sachen ein", sagte er, als sie aus der Dusche stieg, und gab ihr einen kleinen Koffer.

„Wo geht's denn hin?"

„Das siehst du noch früh genug." Martin lächelte schelmisch und umarmte sie. Zunächst war er sich nicht sicher, ob die ganze Aktion eine gute Idee war, doch jetzt wusste er es ganz gewiss. Jana legte ihren

Kopf auf seine Schulter, der fruchtige Geruch ihrer frisch gewaschenen Haare stieg in seine Nase. Martin spürte ihre Wärme, ihre Nähe, ihre Liebe, und alleine deswegen hatte es sich gelohnt. Langsam löste er die Umarmung, schob ihr Kinn hoch und hauchte ihr einen Kuss auf die Lippen. Er küsste sie zärtlich und vorsichtig, als wäre sie etwas Zerbrechliches, als wäre ihre Liebe etwas Zerbrechliches. Für einige Sekunden verloren sie sich in diesem wunderbaren Kuss, bis das Klingeln des Handys sie unterbrach.

„Nur der Wecker." Er wackelte mit dem Telefon vor ihrem Gesicht. „Es ist schon halb zehn."

Punkt zehn Uhr hupte das Taxi vor der Tür des Mehrfamilienhauses und sie bestiegen aufgeregt das Fahrzeug, welches sie zum Bahnhof fuhr.

„Verrätst du mir jetzt, wohin es geht?", fragte sie neugierig, als sie am Bahnhof angekommen waren. Martin schüttelte den Kopf. Mit einem Griff zog er ein Halstuch und einen MP3 Player aus seinem Rucksack und präsentierte sie stolz.

„Ernsthaft?" Jana lachte.

„Natürlich, es ist eine Überraschung. Los wir holen uns was zu essen." Martin deutete mit seinem Kinn auf den Bäcker hinter Jana, steckte Tuch und Player zurück in den Rucksack, und reichte ihr seine Hand.

Nachdem sie sich mit Brötchen und Getränken eingedeckt hatten, gingen sie zurück in die überfüllte

Bahnhofshalle. „Unser Zug kommt in zehn Minuten."
Martin lächelte, zückte Halstuch und Player und verband ihr mit dem Tuch die Augen.

„Pass mir ja auf", sagte Jana streng und wurde prompt von einem Kuss unterbrochen. Ohne die klare Sicht auf die Dinge waren ihre übrigen Sinne deutlich geschärft, sie merkte Martins warmen Atem, spürte seinen Dreitagebart auf ihrer Haut und roch sein herbes Parfüm, dessen holzige Note sie besonders gern mochte. Seine Lippen legten sich zärtlich auf ihre, umschlossen und liebkosten sie, seine Zunge umspielte erst vorsichtig, dann forscher die ihre, bis sie sich gänzlich zurückzog und sich seine Lippen langsam schlossen. Für einen Augenblick blieb die Welt für sie stehen, die Stimmen um sie herum verstummten, alles wurde still, als gäbe es außer ihnen niemanden. Sobald sie sich voneinander lösten, setzte sich die Maschinerie des Alltags wieder in Gang.

„Komm, wir müssen hoch." Martin griff nach Janas Hand und führte sie zum Fahrstuhl. Und während sie darauf warteten, dass der kleine Glaskasten ihre Ebene erreichte, setzte er ihr die Kopfhörer auf.

Nachdem alle Durchsagen getätigt waren, schaltete Martin nach zweieinhalb Stunden Fahrt die Musik ab.

„Sind wir bald da?", wollte Jana wissen. Um sie herum war es für ein öffentliches Verkehrsmittel erstaunlich leise, offensichtlich war Martin ihrer Bitte nachgekommen und das freute sie.

„Wenn ich schon wie ein Depp durch die Weltgeschichte fahre, lass uns wenigstens einen Platz abseits nehmen", bat sie ihn auf dem Weg zum Gleis. Da der Zug stetig langsamer wurde, konnte die Fahrt nicht mehr lange dauern.

Aus Angst zu laut zu sprechen flüsterte Jana: „Darf ich die Augenbinde jetzt abnehmen?"

Martin wartete einen Augenblick, ehe er die Frage beantwortete, gab ihr jedoch grünes Licht. Langsam löste Jana den Knoten in ihrem Nacken und schob das Halstuch aus ihrem Gesicht. Zögerlich öffnete sie die Augen, nicht der Aufregung, sondern des hellen Lichts wegen. Die Mittagssonne schien vom wolkenlosen Himmel und machte es ihr nahezu unmöglich, ihre Lider, ohne geblendet zu werden, zu öffnen. Mit zusammengekniffenen Augen blickte sie in Martins vor Freude strahlendes Gesicht.

„Du bist verrückt!"

Jana beugte sich nach vorne und drückte einen Kuss auf seine Lippen, als sie aus dem Augenwinkel die Hohenzollernbrücke erkannte. Hastig drehte sie sich nach links, nach rechts und wieder zu Martin.

„Nee, oder?"Martin nickte stumm. „Das ist ein Scherz." Völlig perplex konnte und wollte Jana ihren Augen nicht trauen. „Du bist doch wahnsinnig." Schüttelte sie ungläubig den Kopf und schaffte es vor

Verwunderung nicht einmal mehr, ihren Mund zu schließen.

„Diese Überraschung ist mir wohl gelungen."

„Du bist verrückt", wiederholte Jana und fiel ihm vor Freude um den Hals. „Wie kommst du darauf?" Mit einem lauten Schmatzen drückte sie ihm erneut einen Kuss auf, um dann ihre Nase an der Fensterscheibe platt zu drücken. Nur ein paar hundert Meter trennten sie vom Bahnhof und Janas Nervosität stieg ins Unermessliche.

„Ich dachte, wir kehren zu den Wurzeln zurück." Er lächelte und bekam eine weitere Umarmung. „Außerdem tut uns das verlängerte Wochenende bestimmt gut."

Mit quietschenden Rädern fuhr der ICE in den Bahnhof ein, bis er schließlich zum Stehen kam. Hand in Hand verließen sie ihn durch die schmale Tür und fanden sich auf einem vollen und lauten Bahnsteig wieder.

„Lass uns schnell raus", wirbelte sie und zog Martin, der lachend den Kopf schüttelte, an der Hand hinter sich. „Ich freue mich, ich freue mich, ich freue mich." Ungeduldig hüpfte sie auf den Stufen der Rolltreppe.

Zielstrebig wie ein Nachtfalter, der zur nächsten Lichtquelle fliegt, suchte Jana den kürzesten Weg zum Ausgang und manövrierte sich inklusive Martin und Koffer geschickt an den anderen Reisenden vorbei.

Als sie durch die Tür nach draußen trat, reckte sie ihren Kopf in die Höhe und hielt ihre Hände in einem Bogen über die Augen, um sie vor den grellen Sonnenstrahlen zu schützen.

„Hab ich schon mal gesagt, wie sehr ich dich liebe?", fragte sie bis über beide Ohren lächelnd, ohne ihren Blick abzuwenden.

„Meinst du mich oder den Dom?", witzelte Martin, während er von hinten seine Arme um sie schlang.

36

„Hier, Frau Martina Seitling, mal wieder ein Brief für Sie." Jana warf genervt die Post auf den Computertisch, zwischen Martin und den Monitor. Es war nicht das erste Mal, dass sie Post auf den Namen Martina aus dem Briefkasten fischte, doch in letzter Zeit häuften sich solche Briefe zunehmend.

Ohne den Blick vom Bildschirm zu nehmen oder ihren spitzen Worten Beachtung zu schenken, bedankte er sich geistesabwesend.

„Findest du nicht, dass du dich in letzter Zeit ziemlich häufig verschreibst?", rief sie aus dem Flur, während sie aus ihren roten Ballerinas schlüpfte, um sie im Schuhregal zu verstauen. „Hallo?"

„Hä, was?" Nervös klickte Martin den Internetbrowser zu, um sich Jana zuzuwenden.

„Deine Post, liebe Martina. Denkst du nicht, dass du dich neuerdings ein bisschen zu oft verschreibst?"

„Wieso verschreibst?", keifte Martin abwehrend. „Was kann ich dafür, wenn aus Herr plötzlich Frau wird, wenn ich die Datenmaske zu schnell ausfülle?" Um Janas Verhör zu entgehen, erhob er sich und wechselte in den Schlafbereich, der sich nur wenige Meter weiter, hinter einem schwarzen Expeditregal verbarg.

„Und weil die Datenmaske so klug ist, hat sie aus Martin eine Martina gemacht?" Ebenfalls im Schlafbereich angekommen, schälte sich Jana aus ihrer Bluse, um im nächsten Moment in ein weitaus bequemeres Tanktop zu schlüpfen.

„Willst du mich verarschen? Dir ist das wahrscheinlich noch nie passiert."

„Nein, ehrlich gesagt nicht." Der Dutt, zu dem Jana ihre Haare zwirbelte, vervollständigte ihren Freizeitlook. „Erst recht nicht so oft."

„Was soll das nun heißen? Willst du mir unterstellen, dass ich es mit Absicht mache?" Martin warf sich auf das große Metallbett und begann mit seinem Handy zu spielen.

„Ich unterstelle dir nichts. Ich stelle nur fest, und finde es nicht gerade normal. Vor allem, wenn ..." Gerade wollte Jana sagen, dass die an Martin adressierten Rechnungen derselben Absender nicht gerade der Seriosität seiner Aussagen dienten, da unterbrach er sie in unerwarteter Lautstärke.

„Ach, jetzt bin ich also nicht mehr normal?"

„Das habe ich nicht gesagt." Jana versuchte ihn zu beschwichtigen, doch an seiner Stimmlage erkannte sie, dass es dafür längst zu spät war.

„Tut mir furchtbar leid, dass ich kein studierter Student bin", empörte er sich. Das belustigte Schmunzeln, welches er bei Jana durch die Wortwiederholung erzeugte, spornte ihn noch mehr an. „Kann ja nicht jeder so schlau sein wie du, aber du machst niemals

Fehler, natürlich." Mit einem Ruck erhob er sich vom Bett und baute sich bedrohlich vor ihr auf.

„Das habe ich nie behauptet", wiederholte Jana gebetsmühlenartig.

„Hast du daran gedacht, dass ich im Stress was verwechselt habe? Oder glaubst du ich drehe den ganzen Tag Däumchen?" Wütend verließ Martin den Raum.

Genau genommen war es eben das, was Jana zunehmend dachte. Viel zu oft wunderte sie sich über das zerwühlte Bett, wenn sie am Abend von Uni oder Arbeit kam, oder über den heiß gelaufenen PC. Ein Mal dachte sie sogar noch Martins Wärme in der Bettwäsche zu spüren, als sie sich eines Tages völlig erschöpft ins Bett fallen ließ. Die Verkrustungen an den Tellern, die unmöglich erst Minuten alt sein konnten, irritierten sie von Mal zu Mal mehr. Dass er so gut wie nie den Briefkasten leerte, obwohl er fast eine Stunde vor ihr nach Hause kam, hielt sie zunächst für eine Marotte, doch auch das schien nun eins der vielen Puzzleteile zu sein. Angewidert wischte sie sich die durchs Anschreien auf ihrer Haut gelandeten Speicheltröpfchen aus dem Gesicht.

„Was ist eigentlich mit Miete?" Sie wechselte das Thema, nachdem sie Martin in die Küche gefolgt war.

„Was soll damit sein?"

„Das frage ich dich!" Janas Blick durchbohrte Martin, was ihn nicht zu stören schien. „Montag ist die nächste fällig und mir fehlt immer noch dein Teil für Juli."

„Das war klar, dass du mir so kommst. Ständig kommst du mit der Miete, wenn dir nichts Besseres einfällt, oder du merkst, dass du im Unrecht bist."

„Wie bitte?" Jana entfuhr ein hysterisches Lachen, dass ihre Verwunderung unterstrich. „Schon mal daran gedacht, dass du mit der Miete ständig im Rückstand bist und ich dich deswegen daran erinnern *muss*?" Ihre Stimme zitterte vor Wut darüber, dass Martin den Spieß umzudrehen versuchte. „Als ob es mir Spaß macht, dir hinterherzulaufen."

„Hast du mal daran gedacht, dass ich das Wochenende in Köln nicht in einer Tombola gewonnen habe? Aber wenn es um lächerliche 100 € Miete geht, fängst du wieder an Erbsen zu zählen, das klingt logisch."

Kommentarlos verließ er den Raum. Als er nur Sekunden später auch die Wohnung verließ, schlug er die Wohnungstür derart laut zu, dass Jana vom Knall zusammenschreckte. Erst als sie realisierte, dass er vorerst nicht zurückkommen würde, begannen ihre Tränen zu fließen.

Wieder einmal hatte Martin es geschafft, dass sie sich klein und machtlos fühlte. Wieder einmal war ein kleiner Streit zu einem großen eskaliert und wieder einmal war sie die Leidtragende. Antworten auf ihre vielen Fragen hatte sie auch heute nicht bekommen und langsam dämmerte es ihr, dass Martin der falsche Ansprechpartner dafür war, wenn sie Antworten haben wollte. Entschlossen ging Jana zum Computer und begann die Suchmaschinen zu bemühen.

Ihre Suche nach Martin Seitling ergab unglaubliche 33746 Treffer, doch schon nach den ersten Klicks musste sie feststellen, dass die Ergebnisse nichts taugten. Ein neuer Lösungsansatz musste her, nach dem Streit mit Martin, fehlte ihr jedoch die Kraft. Ausgelaugt legte sie sich ins Bett und zog die Decke bis zum Kinn. Irgendetwas hatte sie übersehen, es musste doch möglich sein, die Wahrheit über Martin herauszufinden, und diesen Irrsinn, dieses Martyrium, zu beenden. Trostlos vergrub sie ihr tränennasses Gesicht im Kissen und schlief erschöpft ein.

Als Jana am nächsten Morgen erwachte, kroch der Duft von frischem Kaffee in ihre Nase. In der Frühe war Martin nach einer kurzen und wenig erholsamen Nacht auf dem Sofa in den Supermarkt gegangen und bereitete nun ein Versöhnungsfrühstück zu.

„Hab ich dich geweckt?"

Jana stoppte auf ihrem Weg zur Toilette und dachte über die passende Antwort nach.

„Schatz?"

„Nee, nee, schon okay", murmelte sie hastig und setzte ihren Weg fort.

„Du bist ja schon angezogen", stellte Martin verwundert fest und Jana erschrak. Offensichtlich hatte sie in Gedanken versunken vergessen, die Tür zum Badezimmer zu verschließen, und jetzt stand er bester Laune, als wäre nichts gewesen, vor ihr und führte Smalltalk.

„Hm." Jana blickte gedankenverloren an sich herab. In der Tat trug sie Jeans und Tanktop vom Vortag. „Wärst du so freundlich?" Sie deutete auf die Tür, als sie mit dem Zähneputzen fertig war.

„Was hast du jetzt schon wieder?"

„Nichts, ich möchte nur in Ruhe pinkeln."

„Irgendwas ist doch wieder los", bohrte Martin nach.

„Hast du noch nie was von Privatsphäre gehört?", antwortete Jana genervt.

„Das war klar. Ich gehe einkaufen, mache für dich Frühstück und du hast nichts Besseres zu tun, als mich anzufahren."

Jana schüttelte resigniert den Kopf. Natürlich war es nicht Sinn und Zweck eines Streits, als Sieger daraus hervorzugehen, aber Martins Streitkultur kannte nur Verlierer.

37

‚Martin Seitling Jugendfeuerwehr'

Nervös blickte Jana sich um, um sicher zu stellen, dass sie niemand sah. Die Idee, dass ihr Martin ausgerechnet in der Bücherei begegnete, war ebenso absurd wie die Internetrecherche zu seiner Person, dennoch sah sie sich zu beidem gezwungen, und als sie sicher war, ihn nirgends zu sehen, überflog sie die gefunden Einträge.

- Martin Huber (Ortsbrandmeister) lobte die Jugendfeuerwehr in hohen Tönen.

- Mit Fackeln begleitete die Jugendfeuerwehr den Laternenumzug an St. Martin.

- In seiner Jugend war Udo Seitling ein bekennender Anhänger der Linken.

Frustriert schnaubte Jana und ließ ihren Blick noch einmal durch die menschenleere Bücherei wandern. *Nur noch die nächsten drei Ergebnisse, dann breche ich diese lächerliche Recherche ab,* dachte sie und klickte auf Seite drei der Suchergebnisse. Mit ein wenig Verzögerung baute die Seite sich auf und tatsächlich sprang ihr sofort der Name *Martin Seitling* ins Auge. Hoffnungsvoll klickte Jana auf den obersten Eintrag und blickte auf ein Kinderfoto von Martin.

Jugendfeuerwehrmann des Jahres 2002, titelte die lokale Tageszeitung und zeigte einen strahlenden Jungen, der sein frisch erworbenes Abzeichen in die Kamera hielt.

Am Dienstag wurde der 12-jährige Martin Seitling für sein außerordentliches Engagement bei der ortsansässigen Jugendfeuerwehr mit dem Titel ‚Jugendfeuerwehrmann des Jahres' ausgezeichnet.

Jana erstarrte. Regungslos saß sie da, während ein gewaltiger Wirbelsturm durch ihre Gedanken fegte. Martin war einundzwanzig, laut des Zeitungsartikels und des Bildes, war er aber achtzehn. Ein Schauer kroch über ihren gesamten Körper und sie schüttelte sich unwillkürlich. *War es wirklich möglich?* Jana erinnerte sich an Brittas Worte, die bei ihr an Martins letztem Geburtstag für Verwirrung sorgten.

„Nun bist du erwachsen und führst dein eigenes Leben", schwafelte sie den Tränen nahe und stieß bei Jana auf Unverständnis. Zu einem achtzehnten Geburtstag hätte eine solch emotionale Ansprache natürlich viel mehr gepasst, doch das dämmerte Jana erst jetzt, ein Dreivierteljahr später. Wie in Trance lehnte sie sich in den Stuhl und starrte auf den lächelnden Martin. Brittas Worte, Martins ständige Ausflüchte, plötzlich ergab alles einen Sinn. Ein dumpfer Schmerz machte sich hinter ihrer Stirn bemerkbar und sie begann ihre linke Schläfe zu massieren. Konnte es wirklich sein, dass sie zwei Jahre lang auf Martins Lügen hereingefallen, dass ihr solange die Wahrheit entgangen war? Jana schloss das Browserfenster und eilte nach Hause.

Wie immer quoll der Briefkasten über, und während sie die Treppen in den ersten Stock hinaufstieg, durchsah sie die Post. Werbung, Werbung und noch mehr Werbung, eine an sie adressierte Rechnung und Bingo zwei beinahe identische Briefe, die sich einzig durch Geschlecht und Vornamen des Empfängers unterschieden. Auf dem Absatz zwischen den Stockwerken hielt Jana für einen Augenblick inne, packte die an Martin adressierten Briefe in ihre Tasche und ging hoch zur Wohnung.

Zu ihrem Erstaunen war Martin nicht zu Hause. Sie eilte zusammen mit ihrer Tasche ins Badezimmer der Einzimmerwohnung und verriegelte hinter sich die Tür. Vorsichtig zog sie die beiden Briefe aus ihrer Tasche und hielt sie nebeneinander. Gleicher Absender, gleiche Aufmachung, gleiches Datum. Alles in ihr sträubte sich gegen ihr Vorhaben, aber Jana konnte nicht anders. Mit einer Metallnagelfeile öffnete sie den an Martin adressierten Brief und begann zu lesen.

Sehr geehrter Herr Martin Seitling,
leider konnten wir seit dem 01.06.2008 keinen Zahlungseingang verbuchen. Aus diesem Grund fordern wir Sie letztmalig auf den Gesamtbetrag in Höhe von 543 € bis zum 28.08.2008 zu begleichen.

Janas Gedanken rasten. 543 € Schulden – konnte es ein Missverständnis sein? Jana betete, als sie den zweiten Brief öffnete, sein ernüchternder Inhalt ließ sie erblassen.

Sehr geehrte Frau Martina Seitling,
leider konnten wir seit dem 01.06.2008 keinen Zahlungseingang verbuchen. Aus diesem Grund fordern wir Sie letztmalig auf den Gesamtbetrag in Höhe von 867 € bis zum 28.08.2008 zu begleichen.

Janas Magen verkrampfte sich, ihr Herz begann zu rasen und ein Schweißfilm bedeckte ihre eiskalten Handflächen. Wieder und wieder las sie die Schreiben und kam wieder und wieder zum selben Ergebnis. Martin Seitling – der zumindest, den sie vor zwei Jahren kennen und lieben lernte – war eine immer stärker verblassende Illusion.

38

„Ich liebe dich, mein Schatz! Bis nächste Woche", rief Martin, nachdem er den roten Aluminiumkoffer in den Kofferraum gelegt und das Taxi bestiegen hatte. Trotz seines schwermütigen Lächelns winkte er hektisch und warf Jana mehrere Luftküsse zu, als der Taxifahrer Gas gab.

Fröstelnd umschlang sie ihren dünnen Oberkörper mit ihren ebenso dünnen Armen, bemüht um ein Lächeln. Als das Taxi losfuhr, löste sie ihren rechten Arm deutete einen Wink an, senkte den Arm jedoch, sobald der beige in die Jahre gekommene Benz an Entfernung gewann.

Die Luft an diesem Dienstagmorgen war kalt und klar. Jana starrte auf das immer kleiner werdende Taxi und kaute nervös auf ihrer Lippe. Ihre sonst so leuchtenden Augen wirkten an diesem finsteren Morgen ausdruckslos und matt, Sorgenfalten zierten ihr Gesicht und dunkle Augenringe verrieten, dass sie in der letzten Nacht nicht allzu viel geschlafen hatte. Erst als die Rücklichter des Fahrzeugs hinter dem Horizont verschwanden, senkte sie ihren Blick und atmete tief durch.

„Dann wollen wir mal", flüsterte sie, als sie nach den Schlüsseln in die Tasche ihrer schwarzen Strickjacke griff und sich zurück zur Wohnung begab.

Es war ein seltsames Gefühl sie alleine zurückzulassen, doch viel seltsamer war das schlechte Gewissen, das sich leise meldete. Sieben Tage Mallorca hatte er ihr erzählt, als eine Art Dankeschön für Rickys und seine Verdienste als Fotoscout im vergangenen Jahr. So recht hatte sie ihm nicht glauben wollen, sie hielt sich mit den Fragen jedoch zurück, verhielt sich fast gleichgültig, doch vorhin meinte er, Wehmut in ihren Augen erkannt zu haben. Wenn ihn nicht alles täuschte, hatte er sogar eine Träne in ihren Augen aufblitzen sehen, als das Taxi losfuhr, und auch ihm stieg nun das Wasser in die Augen. Leider war es für Erklärungen zu spät.

Unmöglich konnte er ihr die Wahrheit sagen, nicht heute, nicht jetzt. Martin schnaubte und blickte durch die Windschutzscheibe auf die graue Straße.

„Zum Bahnhof, bitte." Er wandte sich an den Taxifahrer, als sie die Hauptstraße erreichten.

„Wie bitte?", stutzte der zottelige Mittvierziger.

„Zum Hauptbahnhof, bitte!"

„Die Zentrale sagte, ich soll Sie zum Flughafen fahren", beharrte er.

„Und ich sage zum Bahnhof."

Demonstrativ drehte Martin seinen Kopf nach rechts und blickte aus dem Fenster, während der irritierte Taxifahrer kopfschüttelnd die Spur wechselte.

„H22/2 an Zentrale, neues Ziel HBF", hörte er den leicht ergrauten Mann murmeln.

„Bitte sehr, der Bahnhof, das macht 9,30 €", giftete der Fahrer, verärgert über die deutlich kürzere Strecke.

„Stimmt so." Martin drückte ihm einen Zehn-Euro-Schein in die ausgestreckte Hand und stieg aus. Trotz Kälte, Nässe und der unchristlichen Zeit – immerhin war es erst kurz nach sieben – tummelten sich wie an jedem Werktag hunderte von Menschen auf dem Bahnhofsvorplatz.

Wie die Ameisen. Martin schmunzelte, als er sich mit seinem Koffer im Schlepptau dem Bahnhofsgebäude näherte.

Der Duft nach Brötchen und frischem Kaffee dominierte vor den Türen des Bahnhofs, ebenso wie im Inneren. Martin sah auf die große, in die Fassade eingelassene Uhr und entschied sich die verbleibenden Minuten bis zur Ankunft seiner S-Bahn mit Rauchen zu verbringen. Auf seinem Gleis angekommen, steckte er sich, ohne sich zum Raucherbereich zu begeben, eine Zigarette an. Gedankenverloren sog er den Rauch ein, um ihn Sekunden später in die kalte Novemberluft zu entlassen.

„Meine Damen und Herren auf Gleis 2, die S2 von Hannover Hauptbahnhof nach Minden Westfalen fährt jetzt ein. Vorsicht bei der Einfahrt." Eine Ansage für das Nachbargleis startete, sobald die erste verstummte, und dennoch war das typische Surren einer herannahenden S-Bahn nicht mehr zu überhören.

„Dann wollen wir mal", murmelte Martin, bevor er ein letztes Mal an seiner Zigarette zog und nach seinem Koffer griff. Jetzt war es soweit, Martins Reise ins Ungewisse begann. Mit einem mulmigen Gefühl bestieg er die S-Bahn, verstaute sein Gepäck unter der Bank seines Vierersitzes und blickte zum Fenster heraus. Etwas musste sich in seinem Leben grundlegend verändern und er hatte ab jetzt exakt eine Woche Zeit, um herauszufinden wie.

39

Gebannt starrte Jana zur Wohnungstür, während sie an der gegenüberliegenden Wand des Wohnzimmers lehnte. Wegen des Schneidersitzes waren ihre Füße eingeschlafen und kribbelten nun bei jeder Bewegung fürchterlich. Schmerzverzerrt streckte sie ihre Beine aus und schüttelte sie, bis das Blut wieder zu fließen begann. Kurz nach sechs. Lange konnte es nicht mehr dauern, bis Martin nach Hause kommen würde.

Jana zog die Knie an ihren Körper und umklammerte sie fest mit ihren Armen. 11.11.2008. Heute war ihr Jahrestag. Vor genau zwei Jahren hatte ihre Beziehung und damit dieser seltsame Alptraum begonnen. Sie ließ ihren Blick schweifen und erinnerte sich zurück. Daran wie sie nach kurzer Zeit ihrer Beziehung in die Wohnung einzogen und die Wände strichen, wie sie die erste Nacht in der damals halb leeren Wohnung verbrachten und wie sie sich bald darauf zum ersten Mal stritten. Daran, wie sie sich beim ersten Streit über die Meinung der Nachbarn sorgte, und darüber, dass es ihr nach dem zehnten Streit in einer Woche egal wurde. An die vielen gemeinsamen Stunden, die sie miteinander verbrachten und die unzähligen Tränen, die sie vergoss.

Mit einem lauten Knall fiel die schwere Haustür ins Schloss und riss Jana aus ihren Gedanken. Ein Blick auf die Uhr und die nahenden Schritte im Treppenhaus ließen sie erahnen, dass der Störenfried ihrer Gedanken Martin sein musste. Eilig erhob sie sich und strich ihre Kleidung glatt. Leise räusperte sie sich und atmete tief durch. Ihr Herz pochte, wobei ihr die Aufregung die Luft abschnürte. Als die Schritte im Treppenhaus verstummten und der Schlüssel von außen am Türschloss kratzte, hatte sie endlich Gewissheit. Wie gelähmt starrte sie zur Tür, bis ein lautes Klopfen sie aus ihrer Schockstarre holte.

„Schatz, bist du da?"

Jana ballte die Fäuste, biss sich auf die Unterlippe und atmete noch einmal tief durch. Festen Schrittes begab sie sich zur Tür, um sie nach einer kurzen Bedenkzeit schwungvoll zu öffnen.

„Hi", stammelte sie nervös und wandte sich ab, um Martin in die Wohnung hereinzulassen.

„Hi? Was ist hier los?", fragte Martin verwundert und blickte sich irritiert um. „Wo sind die ganzen Sachen?" Ungläubig schritt er von Raum zu Raum, der leergeräumten Wohnung, nach Worten suchend, bis er sich ins Wohnzimmer zu Jana gesellte. „Erklärst du mir vielleicht was das soll?"

Jana sah durch ihn hindurch. Ihr Blick schien vollkommen leer.

„Ist das irgendwie ein schlechter Scherz?"

Ohne den Blick von ihm abzuwenden, lächelte sie müde und griff nach hinten in ihre Gesäßtasche.

„Erklärst *du* mir vielleicht, was *das* soll?" Sie hielt einen mehrseitigen Brief in die Luft und begann, ohne eine Antwort abzuwarten, vorzulesen.

Martin Seitling, geboren am 16.11.1989
Staatsangehörigkeit: deutsch
Ladung zum Antritt vom Jugendarrest
Urteil des Amtsgerichts Hannover vom 13. Oktober 2008 wegen Diebstahl in Tateinheit mit Kreditkartenbetrug
Zu verbüßen:
7 Tage Jugendarrest in der Zeit vom 04.11. – 11.11.2008

Mit der Wahrheit konfrontiert, öffnete Martin schockiert den Mund.

„Das war also dein Malle-Urlaub mit Ricky?" Sie verzog angewidert das Gesicht. „Und weil du in fünf Tagen zweiundzwanzig wirst, wird bei dir selbstverständlich und ohne zu zögern das Jugendstrafrecht angewandt, richtig? Und deine Ausbildung, hast du wahrscheinlich direkt nach der sechsten Klasse gemacht, nicht wahr?" Soviel Ironie und Zynismus hatte Martin lange nicht mehr gehört, dennoch klang ihre Stimme ruhiger denn je.

Einen Augenblick lang schwiegen beide, ohne den Blick voneinander zu nehmen, bis Jana das Schweigen brach. „Dachtest du wirklich, dass du damit durchkommst? Dass eine Beziehung, die einzig auf Lügen basiert, eine Zukunft hat?" Bei der letzten Frage zitterte ihre Stimme und sie wandte ihren Blick von Martin ab.

In seinem Kopf kreisten Tausende Gedanken, Fragen, Antworten. Woher hatte sie den Brief? Wie erfuhr sie sein Alter? Wie konnte er sie vom Gegenteil überzeugen?

„Du verstehst das alles falsch", sprach er kleinlaut und vermied es, Jana in die Augen zu sehen.

„Nein, *du* verstehst es falsch", unterbrach sie ihn forsch. „Diesmal hast du es dir echt versaut."

Wie ein kleiner Schuljunge vor dem Lehrer blickte Martin mit gesenktem Kopf zu Boden. Immer wieder bohrte sich der Nagel seines Zeigefingers in das Nagelbett des Daumens, doch selbst diese Übersprungshandlung minderte seine Unsicherheit nicht.

„Die Wohnung ist gekündigt, die Schlösser ausgetauscht und deine Sachen sind bei deiner Mutter. Es gibt nichts mehr zu sagen und dabei solltest du es belassen."

„Aber", brachte Martin energisch ein, ehe er von Jana unterbrochen wurde.

„Kein aber! Du hast mich bis aufs letzte gedemütigt und verletzt. Du kannst froh sein, dass ich Gewalt ablehne, sonst ..." Jana blickte zur Seite, atmete tief durch und ein Tropfen löste sich aus ihren mit Tränen gefüllten Augen.

„Wie auch immer." Sie schniefte. „Du solltest deine Einstellung zur Wahrheit überdenken – nicht meinetwegen, deinetwegen." Sie machte einen großen Bogen um den paralysierten Martin und begab sich zur Tür.

„Mach's gut", sagte sie fast wehmütig, bevor sie die Tür hinter sich schloss.

Mach's gut. Mit weit aufgerissenen Augen starrte Martin auf die Stelle, an der sie eben noch stand, als würde er sie dort noch sehen. *Wohnung gekündigt, Schlösser ausgetauscht.* Erst jetzt fielen Martin der Geruch nach frischer Farbe und die abmontierte Deckenlampe auf.

Mach's gut. Sie war wirklich gegangen. Aus der gemeinsamen Wohnung ausgezogen und einfach gegangen. Langsam begann Martin zu realisieren. Wie in Trance drehte er sich um seine eigene Achse, streifte mit seinem Blick ein weiteres Mal über die weißen Wände und sackte entkräftet zu Boden. Lautes Schluchzen übertönte die von draußen kommenden Geräusche des Feierabendverkehrs und ein Meer aus Tränen überschwemmte sein Gesicht.

Plötzlich war er da. All der Schmerz den Martin sonst wegstecken, verdrängen, überspielen konnte, der Schmerz der Scheidung, der Hänseleien und des Mobbings. Der Schmerz der Misserfolge und der Trennung. Mit einem Mal war er da, gebündelt und kaum zu ertragen, als hätte er nur darauf gewartet, aus seinem tiefen Abgrund herauszukriechen. Wie ein

Embryo rollte Martin sich auf dem kalten Laminatboden des Wohnzimmers ein und gab sich dem unerträglichen Schmerz hin.

Eine Zeit lang lag er da und weinte, schluchzte und jammerte ohne jede Hemmung. Erst als ihn die langsam hereinbrechende Dunkelheit umhüllte, ihm Trost spendete, wurde das Weinen leiser, bis es schließlich in ein leises Schluchzen überging.

Als er das Geräusch einer Klinke hörte, wagte er es, seine Augen zu öffnen. Von den salzigen Tränen brannten sie schmerzlich und fanden sich in der eingekehrten Dunkelheit nur mit Mühe zurecht. Schatten, Umrisse und eine schwarze Silhouette, die sich beim Näherkommen als Jana entpuppte. Verschämt richtete Martin sich auf und wischte seine Tränen aus dem Gesicht. Voller Hoffnung blickte er zu Jana hinauf und wollte sie gerade begrüßen, als sie zu reden begann.

„Habe ich es mir doch gedacht, dass du hier wie ein jämmerliches Würstchen kauerst." Bei seinem Anblick lachte Jana von oben herab.

„Was hast du erwartet? Du hast mir den Boden unter den Füßen weggerissen." Schluchzend begann er sich zu rechtfertigen, als sie ihn jäh unterbrach.

„Dass ich nicht lache. Du bist jämmerlich. Ein jämmerliches Stück Scheiße – nein, warte – ein jämmerliches Nichts. Ein Nichts und Niemand, das trifft´s."

„Ich liebe dich doch." Martin unternahm einen letzten Versuch, Jana unter Tränen zu beschwichtigen. „Ich hatte schreckliche Angst, dass ..."

„Liebe?" Jana lachte hysterisch. „*Liebe? Du willst mir was von Liebe erzählen?"* Hektisch schüttelte sie den Kopf und wich einen Schritt zurück, als Martin sich begann zu erheben.

„Du bist überhaupt nicht fähig zu lieben, das Einzige was du kannst, ist lügen. Lügen und Geschichten erfinden, in der Hoffnung, die Leute seien dumm genug, dir zu glauben." Nun begann auch Jana zu weinen. „Und das nur, weil du dein jämmerliches Leben nicht auf die Reihe bekommst."

Martin öffnete den Mund und wollte Jana etwas entgegnen doch sie hatte sich in Rage geredet und ließ keine Unterbrechung zu. „Du verarschst, lügst, betrügst und zerstörst anderer Menschen Leben, nur weil du in deinem nichts auf die Reihe bekommst. Du bist krank." Janas Stimme hallte an den Wänden der leergeräumten Wohnung wider und ließ ihre Schreie noch lauter wirken.

„Was soll ich denn jetzt tun?" Mit seinem Handrücken wischte Martin seine Tränen aus den Augen und suchte Janas Blick, während sie wortlos den Kopf schüttelte.

„Was du tun sollst?" Janas Abscheu war nicht zu übersehen. Ihre hochgezogene Oberlippe zitterte über ihren aufeinander gepressten Zähnen. „Geh doch zu

Britta und lass dich eine Runde bemuttern, oder lenk dich mit deiner tollen Arbeit ab." Jana lachte verächtlich. „Oder geh zu deinen Freunden. Zu deinen vielen, vielen Freunden. Das wäre doch eine Idee, wo sich nicht mal mehr dein bester Freund als ein Freund von dir sieht." Mitleidig schnaubte sie und schüttelte den Kopf. „Natürlich könntest du in einer Disco auflegen, Menschenleben retten oder wieder nach Malle."

Janas Worte trieften vor Zynismus und trafen Martin wie ein Schlag in den Magen.

„Sei still", flüsterte er, während sich ihr Lachen gepaart mit den gesagten Demütigungen als unendliches Echo in seinem Kopf wiederfanden.

„Martin der Lebensretter."

„Sei still."

„Der Ritter in glänzender Rüstung."

„Sei still!"

„Mister Super-DJ."

„SEI STILL." Ein Schritt und Martin stand vor ihr.

„Was willst du machen? Mich schlagen, mir weh tun? Du hast mir genug weh getan, schon vergessen, Super-DJ?"

„Sei verdammt noch mal still!"

Mit seinen Händen umklammerte er Janas Hals und drückte zu.

„Sei still, sei still, sei bitte endlich still."

Super-DJ, Ritter, Lebensretter – mit seiner ganzen Kraft würgte er sie, während ihre Augen ihn erschro-

228

cken anstarrten. *Was willst du schon machen?* Blind vor Wut erhöhte Martin den Druck. Janas Röcheln klang von Sekunde zu Sekunde verzweifelter, bis ihr Kehlkopf schließlich unter dem Druck seiner Daumen knackend nachgab und ihr Körper erschlafft zu Boden fiel.

Wie in Trance blickte er den leblosen Körper an, hockte sich neben ihm nieder und strich ihm eine Strähne aus dem Gesicht. Vom Todeskampf war nichts mehr zu sehen. Jana wirkte nahezu friedlich, als wenn sie schliefe. Martin strich ihr über die Augen, um sie zu schließen, und betrachtete seine große Liebe. Kein Streit, keine Vorwürfe, als wäre nichts gewesen. Schwerfällig ließ er sich auf seinen Po fallen, um sich an die Wand hinter sich zu lehnen.

War Jana vielleicht im Recht? Hatte er wieder einmal überreagiert?

Geh doch zu Britta, oder zu deinen Freunden, geh doch arbeiten, Super-DJ, Lebensretter. Wie ein Wirbelsturm begannen die Worte erst langsam, dann schnell und schneller in Martins Kopf zu kreisen, ehe sie sich überschnitten und in eine Endlosschleife aus Vorwürfen mündeten. Martin kniff die Augen zu und drückte seine Handflächen auf die Ohren.

„Sei still, sei still, sei still", flüsterte er, während der Tornado in seinem Kopf an Geschwindigkeit zunahm. „Sei still", wiederholte er immer und immer wieder, kauernd, wippend, weinend. „SEI ENDLICH STILL!"

„Ich bin ja gleich weg", hörte er plötzlich die Stimme seiner Mutter, öffnete die Augen und erkannte sein altes Kinderzimmer.

Hastig wischte er seine durch den Schlaf hindurch vergossenen Tränen fort und atmete tief durch. Gott sei Dank war es nur ein Traum, ein Traum sonst nichts. Mit einem tiefen Schluchzer vergrub er sich in sein Kissen, Tränen der Erleichterung bedeckten sein Gesicht.

„Jana war da und hat deine restlichen Sachen gebracht." Britta bemühte sich einfühlsam zu klingen, während sie das Rollo hochzog und das Fenster öffnete. „Willst du nicht langsam aufstehen? Ich habe dir Frühstück gemacht." Sie deutete auf den Couchtisch neben Martins Bett und griff nach dem vollen Aschenbecher.

Eine weitere Träne rollte über seine Wange, während er sich noch tiefer in sein Kissen drückte. *Ob sie es jemals lassen wird?*

Ende

Danksagung

Zuerst möchte ich dir danken! Danke, dass du dir die Zeit genommen und das Buch gelesen hast, danke für deine Rezension, sollte eine erfolgen, aber vor allen Dingen danke für dein Interesse. Selbstverständlich schreibt ein Autor in erster Linie für sich, doch was wäre die beste Geschichte ohne Leser?

Außerdem danke ich meinen Testlesern – allen voran Melanie – manchmal sieht man den Wald vor lauter Bäumen nicht. Ein großes Danke geht an meine Schwester, die besonders in der Überarbeitungsphase eine große Entlastung war. Gar nicht genug danken kann ich außerdem meiner Korrektorin, Li-Sa Vo Dieu. Vielen, vielen Dank für all die Tipps und Anregungen, sowie die ehrliche Kritik.

Besonders dankbar bin ich all den schicksalhaften Fügungen, die mich an diesen Punkt geführt haben. Den Menschen, die mein Leben, jeder auf seine Art bereichert haben und nicht zuletzt auch meinem inneren Schweinehund, der sich zumindest zeitweise übermannen und mich Martins Geschichte zu Ende schreiben ließ.

Rückmeldungen, Lob und Kritik erreichen mich unter lyasanders@outlook.de oder auf www.facebook.com/entstehungsprozesse

Last but not least möchte ich euch ein kleines, noch unbearbeitetes Häppchen meines neuen Romans mit dem Titel „2032" vorstellen.

"Geht's noch?", fluchte Melissa, nachdem sie sich an die Hauswand rettete. Die schweren Schritte, des davon laufenden BB-Trupps, hallten von den Wänden der schmalen Seitenstraße wider und verschluckten ihre Worte, kaum dass sie ihren Mund verließen. Dennoch kniff sie die Augen zusammen, in Erwartung an die Rückkehr der schwarz gekleideten Männer. Melissas Herzschlag beschleunigte sich, doch als der Trupp unbehelligt weiter lief und in die nächste Straße einbog, atmete sie erleichtert aus. *Offenbar hatten die Bluthunde eine andere Fährte aufgenommen,* dachte sie und fragte sich, wann ihr ihre vorlaute Art zum Verhängnis würde. *Aber wer blieb auch schon still, wenn er über den Haufen gerannt wurde.*

Benommen vor Schreck nährte sie sich dem schwarzen Altpapiercontainer und schob langsam den schweren Deckel hoch. Erschrocken sprang sie nach hinten und konnte nur mit Mühe einen Schrei unterdrücken, als sie in zwei, in der Dunkelheit funkelnden, Augen sah. Von rechts kamen weitere Männer des BB im Laufschritt und nun erkannte sie neben den Augen die Umrisse eines Gesichts, vor dessen Lippen sich ein Zeigefinger abzeichnete. Leises Zischen, dass sie zur Ruhe ermahnte, drang aus dem Container zu ihr, bevor es vom Poltern des vorbeilaufenden Trupps übertönt wurde.

Verschüchtert richtete sie ihren Blick auf die, vom Nieselregen feuchten, Pflastersteine und klammerte sich an den Papierstapel in ihren Armen. Seit sie in der Redaktion zu arbeiten begann, sehnte sie sich nach einem Abenteuer, einer spannenden Geschichte, die sie zu Papier bringen konnte, doch jetzt, wo es abenteuerlich zu werden versprach, rutschte ihr das Herz in die Hose.

Ihr Gesicht hinter einer, aus dem Zopf gerutschten, Strähne versteckt, wagte sie einen Blick zu den geheimnisvollen Augen und näherte sich vorsichtig dem Container.

"Danke", drang es kaum hörbar zu ihr , während sie mit zittrigen Händen einige der Blätter entsorgte, um keine unnötige Aufmerksamkeit auf sich zu lenken.

"Sind sie weg?", fragte die tiefe Stimme.

Melissa sah sich vorsichtig um und nickte kaum merklich. Äußerlich unberührt, fütterte sie den Container mit Altpapier. *Wären sie richtige Bluthunde, würden sie meinen Angstschweiß jetzt noch, wo sie schon über alle Berge sind, riechen.* Ein Schauer kroch ihr über den Rücken und zwang sie sich zu schütteln.

"Die Luft ist rein", flüsterte sie dem Unbekannten zu und fragte sich, ob er ein Landstreicher, ein entlaufener Straftäter oder gar Schlimmeres war. Die Augen vor Angst geweitet, beobachtete sie wie erst die gepflegten Hände das schwarze Plastik des Containers umfassten und dann auch die muskulösen Arme zum Vorschein kamen.

Nur mit Mühe gelang es ihr etwas Speichel, die ausgetrocknete Kehle, herunter zu befördern. Ihr Herz raste, ähnlich ihre Gedanken.

´Sie rettete sein Leben, bevor er ihres nahm´, sah sie die Schlagzeile vor ihrem inneren Auge, mit der ihre Kollegen, ihrem Tod wenigstens etwas Positives abgewinnen würden. *Endlich mal ein frei geschriebener Artikel, ein Verbrechen, auf dass sie sich, wie auf eine Box frischer Krapfen, stürzen würden.*

Das Blut rauschte in ihren Ohren und verdrängte sämtliche, sie umgebenden, Geräusche. Schwarze Locken und ein definierter Oberkörper erschienen im schummrigen Licht der Straßenlaterne und ließen Melissas Gedanken erneut schweifen. *Sexy Psychopath - statt Flirt Mord.* Melissa schüttelte energisch den Kopf, als könnte sie damit ihre konfusen Gedanken abschütteln und hielt inne, als sich der geheimnisvolle Unbekannte mit einem Sprung aus dem Container schwang. Als sei die Situation vollkommen natürlich, klopfte er seine Kleidung glatt und brachte ein simples Hi hervor.

"Hi", flüsterte Melissa und strich sich eine lose Strähne hinter´s Ohr. *Würde mich ein potentieller Mörder erst begrüßen?* Seine raue Stimme unterbrach ihre Gedanken, ehe sie sich erneut zu Schlagzeilen formieren konnten. "´tschuldige, was? Ich habe dir nicht zugehört", gestand sie nervöser als beabsichtigt.

"Danke! Ich sagte danke." Ein Moment des Schweigens legte sich über die beiden nieder, ehe der Unbekannte weiter sprach. "Danke, dass du mich nicht an die Bluthunde verraten hast. Ohne dich wäre ich jetzt in einer Kriminalanstalt oder tot." Vorsichtig streckte er seinen rechten Arm zum Handschlag aus und trat einen Schritt auf sie zu.

Der Lichtkegel, in dem er sich befand, offenbarte Melissa einen Blick auf sein Gesicht. Sein markantes Kinn und die kantigen Wangenknochen, vervollständigt durch eine hohe Stirn. Leuchtend braune Augen und volle Lippen rundeten das Bild ab, während kleine Grübchen, die sich unter seinem Dreitagebart abzeichneten, dem eher harten Gesicht weiche Züge verliehen.

"Komm schon, ich beiße nicht", lächelte er verschmitzt, als wäre es ein banaler Flirt und zwinkerte ihr zu.

Zögerlich streckte Melissa ihre Hand aus. Scannte mit ihren Blicken sein Gesicht, verharrte bei seinen Lippen und wechselte dann zu den Augen. Den Mund leicht geöffnet, schlug sie ihre Stirn in Falten. Irgendwas an ihm war ihr vertraut. Schon als sie ihn zum ersten Mal sah. Schon als er nur ein Augenpaar im Altpapiercontainer war. Ohne ein Wort zu sagen, legte sie ihren Kopf schräg und fixierte seinen Blick, während seine Hand ihre umklammerte.

"Ibo?" Ihre brüchige Stimme bahnte sich den Weg nach draußen.